广东省高职高专教育市场营销系列教材

编 审 委 员 会

顾 问
王乐夫　钟育赣

主任委员
杨群祥

副主任委员
吴　勇　孔繁正

委 员 （以姓氏笔画为序）
于雁翎　车慈慧　尹渔清　刘红燕
刘佳环　张　涛　胡艳曦　符莎莉

高职高专教育市场营销系列教材

市场调查

（第二版）

主编◎吴　勇

广东高等教育出版社

广州

图书在版编目（CIP）数据

市场调查/吴勇主编. —2 版. —广州：广东高等教育出版社，
2011. 10
（高职高专教育市场营销系列教材）
ISBN 978 – 7 –5361 –4112 –4

Ⅰ．①市… Ⅱ．①吴… Ⅲ．①市场调查 – 高等职业教育 –
教材 Ⅳ．①F713. 52

中国版本图书馆 CIP 数据核字（2011）第 141547 号

广东高等教育出版社出版发行
地址：广州市天河区林和西横路
邮编：510500 电话：87553335 87551163
网址：http://www.gdgjs.com.cn
佛山市浩文彩色印刷有限公司印刷
787 毫米×960 毫米 16 开本 14 印张 270 千字
2011 年 10 月第 2 版 2011 年 10 月第 3 次印刷
印数：6 001 ~9 000 册
定价：25.00 元

总　序

　　《教育部关于加强高职高专教育人才培养工作的意见》明确指出："要切实做好高职高专教育教材的建设规划，加强文字教材、实物教材、电子网络教材的建设和出版发行工作。经过 5 年时间的努力，编写、出版 500 种左右高职高专规划教材。……然后，再用 2 至 3 年时间，在深化改革、深入研究的基础上，大胆创新，推出一批具有我国高职高专教育特色的高质量的教材，并形成优化配套的高职高专教材体系。在此基础上，开展优秀教材的评介工作。"可以说，课程和教学内容体系改革是高职高专教育教学改革的重点和难点，而高职高专教育教材改革建设是其中的重点之一。

　　近年来，广东高等教育特别是高等职业教育迅猛发展。截至 2004 年，广东拥有独立设置的高职高专院校 66 所、在校生约 40 万人，分别占普通高等院校数和在校生数的 70.2% 和 55%，成为推动广东省高等教育大众化的生力军。然而，广东高职高专教育教材建设是滞后的，不成体系和缺少特色。

　　基于此，2004 年初，广东省高等教育学会职业教育委员会与广东高等教育出版社联合组织成立了"广东省高职高专教材编审委员会"，并先后在多所院校召开了分类专业教材座谈会，在广泛、深入调查的基础上，结合广东省高职高专教育的实际，确定优先开发建设市场营销类、大学语文类和计算机类等高职高专教育系列教材。

　　之所以把高职高专教育市场营销专业教材列为重点，原因之一是广东市场经济活跃，尤其是乡镇经济、民营经济发展迅猛，对市场营销人才一直保持较大的需求。为适应社会需要，广东高职高专院校先后开设市场营销及相关专业，加快实用型人才的培养。迄今，全省有近 60% 的高职高专院校开设了市场营销及其相关专业。二是广东经济改革先行一步，市场经济比较成熟，有较多的企业营销成功个案，为地方教材建设提供了实践基础。三是广东市场营销理论与实践得益于"先行一步"的外部环境，曾经在全国创造了多个"桂冠"：率先成立全国第一个营销学会——广东营销学会；率先出版全国第一个营销类学术刊物——《营销管理》杂志；编著国内第一本营销教材——《高级市场营销学》；举办市场营销专场学术报告和广播系列讲座等，培养了一批市场营销类的专家学者和企业营销精英。

　　根据规划，广东省高职高专教育市场营销类系列教材编写书目有《市场营销》、《营销心理学》、《广告策划》、《推销实务》、《公共关系实务》、《商务谈判》、《国际贸易实务》、《市场调查》、《商品学基础》、《网络营销》共 10 本，这些教材规划建设有如下特点：

一是突出创新能力和实践能力的培养。依据高职高专教育的培养目标和人才培养模式的基本特征，围绕适应社会需要和职业岗位群的要求，坚持以提高学生整体素质为基础，以培养学生的应用能力特别是创新能力和实践能力为主线，兼顾国家职业技能鉴定考核要求，确立课程主要体系和教材内容体系。

二是突出教材的实用性。做到理论讲求基础和够用，实践讲求操作和实用。依据产、学、研结合的要求，瞄准广东经济建设的实际需要，"突出当地化，兼顾国际化"，充分挖掘广东企业营销实践的最新成果，归纳提炼并融入教材内容，增强教材的地方性、新颖性和可读性。

三是创新教材的编写形式。在兼顾教材理论内容"必需、够用"的基础上，一改传统教材从理论到理论的阐述方式，通过"学习目标"、"小知识"、"小思考"、"小案例"、"本章小结"、"核心概念"、"基本训练"、"观念应用"等栏目设计，以及众多具有特色的"图、表、例"，特别是章末设置"基本训练"、"观念应用"等丰富而紧扣教学内容的习题，不仅使教材版面内容形式多样，增加吸引力，而且更好地强化了理论与实践的结合、学习知识与培养能力的结合，这对提高高职高专教育人才的动手能力具有积极的意义。

这套教材编写集合了广东省内相关高职高专院校市场营销学术带头人、骨干教师，并以广东省高职教育研究会为学术顾问，确保了教材质量。

本系列教材由广东高等教育出版社、广东省高职高专教育市场营销专业教学指导委员会共同组织开发出版，适用于职业技术学院、高等专科学校和成人高等学校，亦可供有志于市场营销工作的人士学习参考。

广东省高职高专教育市场营销系列教材编审委员会
2005 年 5 月 1 日

第二版前言

　　本书是在《市场调查》第一版的基础上修订而成的，并对原教材的结构和内容进行了全面的修改。本教材编写以建构主义学习理论为指导，结合高等职业教育教学改革的形势，将市场调查职业岗位工作流程融入其中，以"任务驱动、项目导向"为指导，体现市场营销高职专业人才培养特点。

　　本教材由广州城市职业学院吴勇教授统筹，提出本书编写的基本框架结构与体例标准。其中，第一单元"认识市场调查"由燕艳和罗炜主笔，第二单元"制订调查计划"由燕艳主笔，第三单元"设计调查表"由苏欣主笔，第四单元"采集调查数据"由吴兆春主笔，第五单元"分析市场调查数据"由赵春芳主笔，第六单元"撰写调查报告"由魏东霞主笔，吴勇对全书进行了统编。

编　者

2011 年 8 月

第一版前言

高等职业教育的目标在于培养具有必要理论知识和较强实践能力的应用性技术人才，而教材是实现人才培养目标的重要工具。本书针对高职高专院校人才培养规格的特点，并结合国家劳动保障部门新颁布的《国家职业标准》所规定的营销师职业的要求，包括市场调查知识与能力等，精心选编了市场调查教材的知识内容，力求做到"必需、够用、实用"。在结构上，本书打破旧有教材的编写思路，以培育市场调查人员为主要目标，以介绍方法为主，体系清晰、内容简练、通俗易懂。全书共分 11 章，包括市场调查概述、市场调查组织机构、市场调查计划、市场调查的内容、市场调查搜集资料方法、市场调查抽样方法、问卷设计、调查资料的整理、市场调查分析、市场调查报告的撰写、综合案例与实训等。在体例上，设置了"学习目标"、"引例"、"本章小结"、"核心概念"、"基本训练"、"观念应用"等模块，并辅以"小知识"、"小思考"、"小案例"等栏目。本书既深入浅出地勾画了市场调查的内容体系，又有足够的实操实训安排，特别适合高职高专院校和成人高校用作市场营销专业教材使用。

本书由广东省高职教育研究会规划，广东省高职高专教育市场营销专业教学指导委员会、广东高等教育出版社组织编写出版。本书大纲由广东省高职高专教育市场营销专业教学指导委员会副主任委员吴勇教授拟订，参加编写的作者有：广州大学宋专茂（第 1 章、第 2 章，并协助统稿）、广州大学城建学院蒋令（第 3 章、第 4 章）、广东广播电视大学黄思霞（第 5 章、第 6 章）、广东农垦干部管理学院黄俐晔（第 7 章、第 8 章）、广州科技贸易职业学院曾三军（第 9 章、第 10 章、第 11 章）。全书由吴勇任主编，并负责总纂及定稿，宋专茂、黄俐晔任副主编，广东省高职高专教育市场营销专业教学指导委员会审定。

本书在撰写过程中，得到了广东农工商职业技术学院院长符坚教授，广东农工商职业技术学院副院长、广东省高职高专教育市场营销专业教学指导委员会主任委员杨群祥副教授等的指导和支持；另外，本书的完成，还参阅了许多研究者的市场调查研究的最新成果和优秀案例，在此一并表示诚挚的谢意。

编　者
2006 年 6 月

目 录

第一单元

认识市场调查

知识目标

（1）熟悉市场调查基本概念。

（2）了解市场调查机构的类型、职责。

（3）了解市场调查督导能力的构成。

（4）熟悉市场调查工作流程和工作原则。

能力目标

（1）具有市场督导员的自我发展能力。

（2）能够对专业市场调查机构做出选择。

 引例

百事可乐的成功突围

可口可乐突出的漏斗形瓶子是消费者辨认的重要标志，也是可口可乐的竞争优势。从 1958 年开始的 20 年中，百事可乐推出"漩涡形瓶子"标准包装与可口可乐对抗，不但没有为该公司带来像可口可乐瓶子那般为消费者认同的印象，反被认为是个仿冒者。百事可乐营销副总裁约翰·史考利发起了一项大规模的消费者调查，研究各个家庭中如何饮用百事可乐和其他软性饮料。百事可乐公司慎重地选择了 350 个家庭做"长期的产品饮用测试"，以折扣优惠价为他们每周订购任何所需数量的百事可乐及其他竞争品牌的软性饮料。

史考利回忆说："让我们大吃一惊的是，不管他们订购多少数量的百事可乐，总有办法把它喝光。这让我恍然大悟，我们要做的就是包装设计，使人们更容易携带更多软性饮料回家的包装设计。"据此，他提出："将竞争的规则全面更改，着手上市新的、较大的，且更具变化性的包装设计。"于是，百事可乐把容量加大，让包装更有变化。

戏剧化的结果发生了。可乐公司未将其著名的漏斗造型瓶子转换为更大容器，百事可乐已经使长久以来遥不可改的"可口可乐瓶子"（一个已经让三代以上的美国人熟悉的商标）在美国市场动摇了；百事可乐的市场占有率呈现戏剧化扩张的趋势。

史考利发现了在食品销售中的关键事实，也就是目前所有营销人员认知的事实——"你能说服人们买多少，他们就吃多少"。如何才能说服人们呢？市场调查是你的必然选择。

 引言

市场调查作为一种营销手段，自 1919 年美国科蒂斯出版公司首次运用成功，即在全世界范围内迅速扩展开来，对于许多精英企业来说已成为一种竞争武器。

今天，市场调查已成为企业进行市场经营活动的前提和基础，成为企业开展营销策划活动、获取市场信息的有效工具。市场调查是企业营销活动的起点，是企业了解市场需求历史与现状的显微镜和了解市场需求发展趋势的望远镜，也是企业在日益激烈的竞争中立于不败之地的法宝。

任务一　认识市场调查

学习任务

市场调查帮助他们走上致富之路

约翰·史密斯和吉姆·布朗是温泽市一所高级中学的教师。在从事几年教学工作之后，两人对该工作厌倦了。每当他们在一起吃饭时，总是讨论如何经商的问题。由于每人只有 2 000 加元的积蓄，始终未能形成一个合理的投资方案。一场小型高尔夫球赛实况转播，唤起了他们的联想："我们为何不能在温泽建个小型高尔夫球场呢？"两人一拍即合。

温泽市是加拿大的第十大城市，要在超过20万人的重工业城市进行调查不是一件容易的事。于是他们进行了周密的筹划，于1974年1月开始了市场调查。调查和分析情况如下：

1. 分析竞争者情况

温泽市现有两个小型高尔夫球场，但球场的质量很差。因此，新的高尔夫球场如果根据普通规格比赛的要求以优质材料建成，就会把大部分的顾客吸引过来。

2. 拜访罗伯特

丹德文希尔购物中心是温泽地区最大的商业中心，它拥有顾客量是80万～90万人次/月，且有巨大的停车场，是非常理想的建高尔夫球场的场所。约翰和吉姆拜见了该购物中心总经理罗伯特，罗伯特对此事很感兴趣，建议他们把高尔夫球场建在停车场入口处。罗伯特不打算亲自介入，但要收取全部球场收入的15%作为土地租用费。罗伯特希望约翰和吉姆先回去，完成了详细的财务估算后再行磋商。

3. 进行顾客分析

约翰和吉姆调查了顾客可能光顾小型高尔夫球场的动机，情况见表1-1：

表1-1　　　　　　　　　　　　　　　　　　　　　　　单位：人

原　　因	少年儿童	成年男子	成年女子
个人娱乐	6	6	5
家庭娱乐	12	10	8
社会和邀请赛	5	10	8
地点方便	6	7	10
时间方便	7	3	5
总人数	36	36	36

初步调查分析表明，顾客光顾的动机主要是家庭娱乐、社交和地点方便。在此基础上，他们进行了两项更深层次的顾客调查。

第一项调查在自己学校进行，调查得出的一些具体数据（年龄14～18岁，人数共300人：男144人，女156人）如下：

（1）你夏天去丹德文希尔购物中心吗？

去者253人，不去者47人，总人数300人。

A. 如果去，你会在那里玩高尔夫球吗？

	是	否	可能
男	99 人	12 人	7 人
女	97 人	24 人	14 人

B. 如果不去购物，是否愿意专程到丹德文希尔购物中心去打高尔夫球？

	是	否	可能
男	4 人	11 人	11 人
女	4 人	10 人	7 人

（2）你的家人是否愿意与你一起去玩高尔夫球？

	是	否	可能
A. 比你年少的	85 人	61 人	154 人
B. 比你年长的	126 人	33 人	141 人

（3）你愿与你的异性朋友一起玩高尔夫球吗？

	没回答	是	否	可能
男	23 人	80 人	14 人	26 人
女	32 人	82 人	10 人	32 人

（4）你认为每盘球 0.75 加元是一个低价、合理价，还是高价？

	过低	合理	过高
男	14 人	96 人	34 人
女	4 人	134 人	18 人

调查表明，300 人中有 253 人愿意去，其中约有 50% 的学生借此来约会；约 76% 的学生认为每盘 0.75 加元是一个比较合理的价格。仅有 17% 的学生认为这一价格太贵。

第二项调查访问了 200 名社会上的成年人。结果是顾客愿意在购物中心顺便玩玩球的有 42 人，约占 25%。

4. 环境调查分析

温泽市人均月工资为 784 加元，高于全国工资人均数 638 加元的水平。每天来丹德文希尔购物中心的顾客为 2.7 万～3 万人，愿意玩高尔夫球的每天有 6 000～7 000 人，假期学生的参加人数会剧增；丹德文希尔购物中心与温泽市大部分居民距离不超过 15 分钟的汽车路程。每年从 5 月至 9 月的 5 个月中，温泽平均有 104 天无雨。

5. 估算场地建设成本、租金工资等营运成本

（1）经实地考察，他们发现场地只能设置 18 个洞。每 4 人 1 洞，1 小时 4 盘，1 天可营业 12 小时，这样球场每天可打 864 盘（4×1×18×12），若有 3 456

人参加，每天毛收入为 648 加元，扣除土地费 97 加元，还剩 551 加元，附设一个小商店每天可盈利 104 加元。

（2）场地设施建设成本估算。通过了解原材料价格和建设安装的人工成本，估算修建 18 个洞、一个附属商店、围栏和其他各种开支，总成本为 7 260 加元。

（3）通过租金和工资成本调查来核算营运开支。租借购物中心球和棍，每套仅需 200 加元，按月付租金。就雇佣人员而言，如果每小时 1.5 加元工资，每天 12 小时，5 个月 104 天无雨，只需雇佣 1 人，工资按周付给。这样，雇员工资为 $1.50 \times 12 \times 104 = 1 872$ 加元。

（4）通过媒体调查以估算广告宣传费用。《温泽星报》拥有 5.8 万个订户，在该报上做一个整版的广告，费用是 1 292 加元；在摇滚乐电台 CKLW 的黄金时间播放一周的广告，费用是 100 加元/次。

6. 经营决策

（1）建立创业信心：调查并预测了高尔夫球场的市场需求，结果乐观。

（2）选定场地：高尔夫球场建在丹德文希尔购物中心停车场的入口处。

（3）明确定位：根据普通规格比赛的要求，以优质材料建成。

（4）明确服务内容、服务定价、广告策略等。

（5）列支创业费用。约翰和吉姆将创业费用列表如下（见表 1-2）。

表 1-2　　　　　　　　　　　　　　　单位：加元

创业费用	金 额
建设费	1 200
租金	200
押金	1 000
雇员工资	374
报纸广告费	1 292
电视广告费	700
总计	4 766

约翰和吉姆的结论是"只要将工资填入一部分就够了"。他们立即向购物中心的罗伯特先生出示了费用估算清单和存款单。1974 年 5 月，他们的小型高尔夫球场开业了。

问题：约翰和吉姆为什么要进行市场调查？他们想了解什么？约翰和吉姆开展了哪些方面的市场调查？他们可能运用了哪些调查方法？

回答：他们想在温泽创业，建立一个小型高尔夫球场，开始他们经商创业的梦想。为了成功创业，他们需要做出一系列的经营决策，包括：创业项目是否可行，如何合理定位，场地如何选择，产品（服务）如何定价，如何确定营销策略，以及创业项目所需经费，等等。

他们展开了多方面的市场调查，主要包括：

（1）顾客调查。

（2）竞争者调查。

（3）相关产品、服务及劳务价格调查：建设原材料、场地租金、建设人工、雇员工资、媒体费用等。

（4）环境调查：温泽市人口环境、自然环境，丹德文希尔购物中心交通情况、营运场地及设施、运营状况等调查。

运用的调查方法有顾客访谈及问卷、相关行业专家访谈、实地观察、二手资料收集等。

🏛 相关资料

市场调查的内涵

1. 市场调查的定义

市场调查是指运用科学的方法，有计划、有组织地搜集、记录、整理和分析有关市场信息，为营销决策提供客观、准确的信息支持。对于市场调查要把握以下要点：

（1）市场调查是一种有明确目标的经济活动，目的是了解和判断企业营销中是否存在问题，或解决企业已经存在的某种问题。

（2）市场调查的作用是为企业制定有效的营销战略和策略提供所需的信息支持。

（3）市场调查是一项复杂而系统的活动过程。这个过程包括调查设计、信息搜集、数据处理、资料分析和调查报告撰写等各项活动，它们互相依存、互相影响，共同组成了市场调查的内容和过程。

（4）市场调查必须采用科学的方法，包括信息收集的方法、数据处理的方法、统计分析方法等，只有采用科学的方法进行设计、组织、实施和管理，市场调查才能获得可靠、满意的结果。

2. 市场调查的范围

（1）市场的内涵。

①从狭义的市场营销角度来看，市场就是指具有特定需要和欲望，愿意并能

够通过交换来满足这种需要和欲望的全部顾客。

由此可知,市场包含三个主要要素:有某种需要的人、为满足这种需要的购买能力和购买欲望。即

人口＋购买能力＋购买欲望＝现实有效的市场

②从广义的市场营销上来讲,市场是商品交换关系的总和,即市场是包括供应商、经销商等中间服务提供者、顾客、政府等市场主体形成的各种复杂关系。

(2)市场调查的范围。

基于对市场内涵的不同理解,市场调查的范围就有了狭义和广义之分。狭义的市场调查主要是针对消费者进行的调研,它以购买商品、消费商品的个人作为研究对象,了解和探讨人们在商品购买、消费过程中的各种事实、意见和动机。

广义的市场调查包括从认识市场到制定营销决策的全过程,调查对象和内容涵盖多方面,如供应商产品或服务价格调查、劳务价格调查、竞争者调查、经销商调查等,范围涉及营销管理决策全过程中需要营销信息支持的所有环节。

任务二　认识市场调查机构

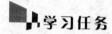

宝洁中国与中国市场研究行业共同成长

1984—2004 年,Berenike(吴凯)创造了中国宝洁市场研究部,在她 2004 年离开中国之前,几乎所有的市场研究部员工都是吴凯亲自面试过,然后一个个手把手带入行。目前,宝洁的市场研究部已拥有超过 100 人的专业市场研究队伍。

1. 宝洁市场研究部

宝洁市场研究部在公司内部扮演了“咨询师”的角色。根据不同的工作侧重点,市场研究部会组织不同团队分别负责研究不同的领域,比如消费者习惯、销售渠道研究等。市场研究部的主要工作是主动发现市场问题,并有针对性地给相关部门提出建议;当其他部门遇到问题时,它们会到市场研究部寻求帮助。

为了寻找各种问题的答案,宝洁市场研究团队从研究计划开始,一步步地通过流程进行严谨的探讨和分析,寻找症结。比如,关于产品需求量分析、代理商应提供怎样的数据支持等。研究人员深入到市场中去亲身体验是宝洁市场研究一

贯的传统，他们走进消费者的家中，甚至跟着消费者到超级市场、零售小店购物，也观察货架陈列等因素对消费者产生的影响，甚至会与普通老百姓在一起生活一段时间，比如，到某一个农村进行一个星期的实地考察，观察农民们洗衣、刷牙的习惯，等等。

宝洁市场研究活动不仅仅局限在市场研究部，几乎所有部门从高到低职位的人都会参与到研究项目中，到农村、到二级城市，走进当地消费者的生活，针对自己的目标消费群深入了解他们的生活习惯。宝洁市场研究对国内企业产生了明显的示范作用，越来越多的企业相互影响，放弃了"拍脑袋"的决策习惯，转而投入到市场研究中。

2. 宝洁与中国市场研究公司

20 世纪 80 年代中期到 90 年代初，中国市场研究行业处在起步阶段。在这个阶段，宝洁在广东地区的市场研究领域发挥着决定性的作用。1988 年，吴凯从政府手里拿到了宝洁市场研究项目的批复，项目编号是"00001"。尽管当时中国社会科学院等单位在北京逐步开始进行有一定规模的市场调查活动，但在全国发展得最好的地区还是广东。这种发展也得益于宝洁的巨大需求推动。在过去的20 多年中，宝洁在中国进行了大规模深入的市场研究活动，其中大部分的数据搜集等实地工作都外包给了市场研究公司。

宝洁以需求方的力量直接带动了中国市场研究公司的产生和发展。在过去的20 多年中，宝洁在中国的市场研究投入持续高速增长，这为众多市场研究公司提供了生存的基础。更为重要的是，为了得到合乎标准的市场调查结果，宝洁对代理商有严格的要求，这些要求就是行业内基本规范，并以标准流程来告诉代理商，什么是公司需要的？怎样才能做好？自 1998 年起，宝洁每年都会对代理商进行系统培训。

经过 20 多年的努力，中国的市场研究已经从零起点变成了亚太乃至世界市场研究领域最令人瞩目的增长点之一。2006 年，中国市场研究行业的营业额达到 5.83 亿美元，相比 2005 年增长了 20.3%。虽然与美国等国家的发展水平相比尚有不小的差距（营业额为美国的 1/6 左右），但无论在规模还是技术上，这样的差距都在不断地快速缩小。

问题：学习任务中提到了哪些市场调查机构？

回答：宝洁市场研究部，国家统计和商业等部门的数据搜集分析机构，中国社会科学院等单位的市场调查活动，市场研究公司等。

🏛 相关资料 1

市场调查机构类型

1. 各级政府机关、各类事业单位、企业内设的市场调查部门

我国最大的市场调查机构是国家统计部门，包括国家统计局、各级主管部门和地方统计机构，他们负责管理和发布统一的市场调查资料，如统计部门成立的城市社会经济调查队、农村社会经济调查队、企业调查队和人口调查队等调研队伍。除统计机构外，中央和地方的各级政府或部门、工商、税务等职能部门也都设有各种形式的市场调查机构，如商务部科学技术情报研究所等。

事业单位的市场调查部门主要有新闻单位、高等院校和研究院所的调查机构，这些机构也都开展独立的市场调查活动，定期或不定期地公布一些市场信息。

许多企业内部会设立市场调查部门，尤其是大公司。市场研究部门在公司内部的位置可能有很大差别。企业内设的市场调查部门，经常依赖外部的专业市场调查机构来完成某些专门的市场调查任务。

2. 专业市场调查机构

专业市场调查机构是指独立地从事市场调查的专业机构，通常有两种类型：

（1）全程服务提供商（full-service supplier）：提供全套市场调查服务，包括研究设计、问卷设计、抽样及数据采集、数据分析和调查报告的撰写和汇报等全部调查工作。

（2）有限服务供应商（limited-service supplier）：专门从事市场调查项目中的某一部分或某几部分工作，如调查执行公司、数据编码与录入公司、数据分析服务公司、咨询服务公司等。

🏛 相关资料 2

专业市场调查机构的选择

当企业需要进行市场调查时，应慎重地选择市场调查专业机构，以取得事半功倍的效果。

1. 企业在委托调查机构时，应首先明确以下几点

（1）要求调查机构提供的调研活动。市场调查机构的活动范围十分广泛，包括确定市场特征、衡量市场潜力、市场份额分析、企业趋势分析、竞争产品研究、价格调查、短期预测等多种。

（2）明确提供综合性服务还是某种专门或特定性服务。

（3）是长期合作还是短期合作。

（4）是否希望他们提供某种额外的服务。

（5）调查时间要求和提交调查报告的最后期限。

（6）调查预算额。

（7）资料是归企业独家享用，还是与调查机构共享。

企业可以根据上述内容提出委托调查计划，用以与市场调查机构的洽谈。

2. 企业在选择市场调查机构时，必须了解和考虑以下几个方面的因素

（1）目前有哪些市场调查机构，如何与它们联系。

（2）调查机构的信誉。指调查机构在同业界的声誉和知名度，严守职业道德及公正原则的情况，限期完成工作的能力等。

（3）调查机构的业务能力。指调查机构专业人员实务能力的高低，能否提供有价值的信息，是否具备创新观念、系统观念、营销观念和观念沟通能力等。

（4）调查机构的经验。包括调查机构创建的时间长短，主要工作人员服务年限，已完成的市场调查项目性质及工作范围等。

（5）市场调查机构所拥有的硬件和软件条件。硬件包括信息搜集、整理和传递工具的现代化程度，软件包括调查人员的素质及配备情况。

（6）调查机构收费合理性。包括调查机构的收费标准和从事本项调查的费用预算等。

任务三　市场调查督导的职责和能力建构

不同市场调查机构的组织形式有所不同，但人员构成大同小异，主要包括管理人员、研究人员、调查执行督导、调查员、数据录入员、数据分析人员等。其中，调查执行督导是适合高职毕业生的就业岗位。

一个好的督导除了具有逻辑思维、口齿清楚、耐心细致、能克服困难、认真负责等基本素质外，还应具备以下能力：

1. 管理能力

在现场调查中，督导的管理能力主要表现在以下几个方面：

（1）对访问员的管理。这项管理工作包含这样三个层面：①保证访问员按时、按量完成有效的数据采集工作。②保证访问员能够严格按照项目要求进行数据采集。③保证访问员的工作质量，即访问员完成的问卷、访谈必须是无误、完整和便于下一道工序操作的。

（2）项目执行信息管理。指能够把项目执行过程中产生的各种信息系统有序地收集、整理和归档，并且及时地向与项目有关的人员和客户递交。它具体包括：①能够全过程地、动态地记录下现场实施过程中产生的反映现场实际情况的所有信息。②能够及时整合片段性的信息并予以分析，发现实施中存在的问题。③能够把客户需要的现场信息全面、简洁和及时地按工作程序递交。

（3）意外事件处理。即要求督导能够迅速、有力地排除和克服现场可能出现的意外情况。

2．沟通能力

在现场调查中，督导会与项目有关人员产生工作联系。如与研究部、数据处理部同事交换信息，向执行现场实施的访问员了解访问情况，与委托项目的客户发生联系，与被访者进行交往等。在多方向的联系和信息交换过程中，督导必须具备很强的人际交往和沟通能力。

3．培训能力

培训能力是督导的一项极为重要和基本的能力。访问员对市场研究行业、调查公司、公司文化的理解和认同，对现场工作和实施技能的掌握等，都是通过各类培训获得的。因此，良好的培训能力对于督导工作的有效开展是至关重要的。培训主要包括基础培训、项目培训和访问员的再培训。这三种培训针对的对象和目的各不相同，因此各自的侧重点会有所差异，对督导培训能力的要求也会有所侧重。

4．专业能力

督导的专业能力主要包括这样几个方面：

（1）专业知识。了解市场调查研究基本知识、现场实施的基本概念和要求、各类访问的类型特点和基本要点等。

（2）访问能力。熟悉各类访问工作，有相当丰富的实践经验，能够胜任任何一种类型的现场实施工作。

（3）一定的外语能力和电脑操作技巧。

（4）其他与现场实施有关的操作能力。

5．团队协作能力

一个项目的完成涉及各个部门的通力合作，因此，督导的团队合作能力也是影响其工作成效的一个极为重要的因素。督导的团队协作能力主要表现为：

（1）倾听他人的诉说，诸如研究部的项目说明、访问员对项目问题的陈述、各种相关人员的建议等。

（2）站在他人的角度来看待问题和思考问题，比如，在项目执行过程中，应该学会站在客户角度来看待项目的进程，这样就会理解执行时间紧迫的原因，从而积极推动项目进程。

（3）知道别人需要什么，这包括知道研究人员需要什么，什么是数据处理人员需要的产品，什么是客户想知道的信息，等等。

6. 良好的职业道德

良好的职业道德是指督导在现场工作中必须遵守行业规范和公司的章程。不具备良好职业素养的督导是不可能胜任现场实施工作的。良好的职业道德表现为：

（1）有职业感和工作使命感。在操作项目时能够全身心地投入，并且站在客户利益的角度来发现问题、解决问题。

（2）具备基本的是非标准。在具体实施中，必须遵循科学的原则来判断问题和解决问题，而不是以个人的喜好、外界的干扰来评判。

（3）替客户保守商业机密。不向被访者、访问员、其他客户或他人（包括家人）泄露客户的商业机密。

（4）对被访者的个人资料保密。不利用任何被访者资料进行一切与项目无关的活动。

（5）保守公司的机密。在未经公司允许的情况下，不得向任何第三方提供公司的一切情况和资料。

任务四　了解市场调查的工作流程

▮▮学习任务

市场调查工作开展

李林是清清市场调查公司的研究经理，他和研究部的工作人员一起，奋战了整整两个星期，通过与其他多家公司竞争比较，终于使清清公司投标成功，成为某移动公司 2010 年度的市场调查服务提供商之一，并承接了该移动公司的一个调查项目。

移动公司将推出两个新业务，他们希望了解新业务对消费者的吸引力，预测新业务的需求量，了解消费者对新业务的费用承受程度。清清公司成立了以研究经理李林作为项目经理的项目组，项目小组由 2 名研究人员、1 名数据分析人员和 3 名执行督导组成。移动公司方面则由市场部吴海直接与调查公司联系。

项目组成立后，研究人员就开始制定调查方案。李林和 2 名研究人员通过吴海的引见与移动公司内部和新业务推出有关的决策层进行了多次的沟通，对新业务的概念、决策层的目标、担心的问题等进行了全面了解。另外，他们还组织了 4 场不同人群组成的消费者焦点小组座谈会，对消费者的看法和态度进行初步测试。在此基础上，项目组经过多次研讨制定了调查方案，并设计了问卷，调查方案明确规定了此次调查的调查目标、调查内容、调查方法、抽样方法、数据分析方法等。在调查方案和问卷定稿之前，李林带领 2 名研究人员到移动公司进行了方案演示和汇报，吴海也邀请了有关决策层参加汇报会。经过多次的商讨、答辩和修改，调查方案和问卷得以确认。整个研究设计阶段历时 2 周。

接下来进行调查执行阶段，由 3 名督导按照方案规定组织实施电话调查。他们招聘了一批访问员，对他们进行了电话访问技巧等基础培训，又有针对性地进行了项目培训，主要包括问卷的内容、提问注意事项等。他们从吴海那里拿到了移动公司的客户名单和电话号码，按照随机原则抽取电话号码进行电话访问。访问进行了 5 天，共完成了 535 份有效问卷。在访问实施过程中，吴海每天都会抽时间到现场观察访问的实施情况。

完成问卷收集后，数据分析人员根据调查方案提出数据报告，呈交给研究人员，对数据报告进行了仔细的分析和挖掘，运用了一些新的分析方法和思路，在对数据进行再分析的基础上，完成了研究报告。李林和项目组研究人员一起，又对研究报告进行了反复的讨论、推敲和修改，报告初步定稿后，到移动公司进行了报告汇报，移动公司相关决策层出席了汇报会和答辩。与会者聆听了调查结果，提出了一些疑问和问题，也对清清公司此次调查工作的完成给予了充分的肯定，李林和他的团队感到非常有成就感，并按照汇报会上反映的意见对研究报告进行了修改，将修改后的相关文件和材料进行移交，调查项目圆满结束。

🏛 相关资料 1

市场调查工作的流程

为了取得良好的预期效果，市场调查必须制订周密的计划，按照一定步骤循序渐进，方能确保调查质量。市场调查的全过程可划分为调查准备、调查实施和结果处理三个阶段，每个阶段又可分为若干具体步骤。

1. 调查准备阶段

该阶段主要解决调查目的、范围和调查力量的组织等问题，并制订出切实可行的调查计划。具体工作步骤如下：

（1）确定市场调查的目标，拟定调查项目。

（2）确定收集资料的范围和方法。

（3）设计调查问卷和抽样方法。

（4）制订市场调查计划。

2. 调查实施阶段

这是整个市场调查过程中最关键的阶段，对调查工作能否满足准确、及时、完整及经济等基本要求有直接的影响。这个阶段主要有两个步骤：

（1）对调查人员进行培训。让调查人员理解调查计划，弄清调查要求，掌握调查技术及同调查目标有关的经济知识。

（2）实地调查。即调查人员按计划规定的时间、地点及方法具体地收集有关资料，不仅要收集第二手资料（现成资料），而且要搜集第一手资料（原始资料）。实地调查的质量取决于调查人员的素质、责任心和组织管理的科学性。

3. 结果处理阶段

这个阶段的工作大体可以分为以下三个步骤：

（1）资料的整理与分析。即对所收集的资料进行"去粗取精、去伪存真、由此及彼、由表及里"的处理。

（2）撰写调查报告。市场调查报告一般由引言、正文、结论及附件四个部分组成。基本内容包括开展调查的目的、被调查单位的基本情况、所调查问题的事实材料、调查分析过程的说明及调查的结论和建议等。报告应附有必要的图表，以便直观地说明市场情况。

（3）追踪与反馈。在提出调查结论和建议后，不能认为调查过程就此完结，而应继续追踪结论是否被重视和采纳、采纳的程度和采纳后的实际效果，以及调查结论与市场发展是否一致等，以便积累经验，不断改进和提高调查工作的质量。

🏛 相关资料 2

市场调查工作的原则

为了提高市场调查的效率和信息的质量，市场调查工作应遵循以下原则：

1. 客观性原则

客观性原则是指市场调查人员在开展调研工作时，必须始终以客观的态度去寻求反映事物的真实信息，不允许带有任何个人的主观意愿，也不应受任何人的影响或"压力"。客观性原则强调了职业道德的重要性，只有客观反映市场状况，才能真正发挥市场调查的作用。市场调查必须实事求是，尊重客观事实；市场调研人员的座右铭应该是："寻求事物的本来状态，说出事物的本来面目。"

2. 准确性原则

准确性原则是指市场调查搜集到的信息必须准确地描述客观现象的数量表现和属性特征，误差应尽可能小，没有人为干扰的系统性偏差。市场调查搜集到的信息，在经过调研人员的筛选、整理、分析后得出调查结论，供企业经营决策之用。只有准确调查信息得出的调查结论，才能抓住问题实质，瞄准市场机会，确保企业的经营活动在正确的轨道上运行。

3. 时效性原则

时效性原则是指搜集、加工、传递和利用市场调查资料的时间间隔要短，效率要高。只有这样，才能提高市场调查信息的价值，使经营决策及时进行，抓住市场机遇。倘若调查时间拖延，不仅会增加调查的费用支出，而且会使得企业经营决策滞后，丧失市场机遇，甚至会导致整个经营策略和活动的失败。

4. 系统性原则

系统性原则是指市场调查必须全面、系统地搜集有关市场信息。只有这样，才能充分认识调查对象的特征，从大量的市场信息中把握事物的内在规律和发展趋势。企业的生产经营活动既受内部也受外部因素的影响和制约，而各因素之间相互联系、相互作用，其变动互为因果，这就要求必须从多方面描述和反映调查对象本身的变化和特征，做到调查项目齐全且具有连续性，以便不断积累信息，进行系统、动态的分析和利用。

5. 经济性原则

经济性原则是指应按照市场调查的目的要求，选择恰当方法，争取用较少的费用获取更多的市场信息。为此，首先，要明确市场调查的费用是否能带来相应的收益，倘若调查花费的成本可能超过预期的收益，也就没必要开展市场调查了。其次，要进行调查项目的成本效益分析，即在调查内容不变的情况下，比较不同调查方式的费用大小，从中选择出调查费用少，又能满足调查目的和要求的调研方式。再次，是由于各企业财力情况的不同，需要根据自己的实力确定调查费用的支出，并制定相应的调查方案。

6. 科学性原则

科学性原则是指市场信息必须是通过科学的方法获得的。这就要求调查人员对于市场信息有着高度的敏锐感觉、较强的判断能力，以及对客户高度负责的精神，对市场调查的全过程做出科学的安排，从调查项目的界定、调查目标和内容的确定到调查设计、抽样设计，再到信息收集、数据分析和统计处理等环节都必须严格遵循科学的方法和程序。

⊕ 单元小结

● 市场调查就是指运用科学的方法，有计划、有组织地搜集、记录、整理和分析有关市场信息，为营销决策提供客观、准确的信息支持。

● 市场调查的作用就是为企业制定有效的营销战略和策略提供所需的信息支持。

● 市场是指具有特定需要和欲望，意愿并能够通过交换来满足这种需要和欲望的全部顾客。

● 市场是商品交换关系的总和，即市场是包括供应商、经销商等中间服务提供者、顾客、政府等市场主体形成的各种复杂关系的总体。

● 狭义的市场调查主要是针对消费者进行的调研，它以购买商品、消费商品的个人作为研究对象，了解和探讨人们在商品购买、消费过程中的各种事实、意见和动机。

● 广义的市场调查包括从认识市场到制定营销决策的全过程，调查对象和内容涵盖多方面，如供应商产品或服务价格调查、劳务价格调查、竞争者调查、经销商调查等，它的范围涉及营销管理决策全过程中需要营销信息支持的所有环节。

● 市场调查机构包括各级政府机关、各类事业单位、企业内设的市场调查部门和专业市场调查机构。专业市场调查机构又分为全程服务提供商和有限服务提供商。

● 市场调查的全过程可划分为调查准备、调查实施和结果处理三个阶段。

● 市场调查工作开展要遵循客观性、准确性、时效性、系统性、经济性和科学性的原则。

⊕ 重要概念

市场调查　市场　广义市场调查　狭义市场调查

⊕ 基本训练

☞ 知识题

1. 选择题

(1) 市场调查就是指运用科学的方法，有计划、有组织地搜集、记录、整理和分析有关市场信息，为营销决策提供客观、准确的（　　　）。

A. 信息支持　　　B. 价值判断　　　C. 决策思路　　　D. 决策依据

(2)（   ）认为市场调查可分为狭义的市场调查和广义的市场调查。狭义的市场调查是主要针对消费者所作的调查，广义的市场调查包括从认识市场到制定营销决策的全过程。

  A. 德国学者利索夫斯基　　　　　　B. 美国学者勒克和威尔士

  C. 中国台湾学者樊志育　　　　　　D. 美国市场营销协会

（3）市场调查工作必须遵循（   ）原则。

  A. 客观性　　　B. 准确性　　　C. 系统性　　　D. 经济性

  E. 科学性　　　F. 艺术性　　　G. 前瞻性　　　H. 时效性

（4）市场调查工作包括（   ）阶段。

  A. 调查准备阶段　　　　B. 制订调查计划阶段　　　C. 调查实施阶段

  D. 结果分析阶段　　　　E. 数据处理阶段　　　　　　F. 报告撰写阶段

2. 判断题

（1）市场调查是一种有明确目的的经济活动。（   ）

（2）市场调查必须采用科学的方法。（   ）

（3）狭义理解的市场是商品交换关系的总和，即市场是包括供应商、经销商等中间服务提供者、顾客、政府等市场主体形成的各种复杂关系的总体。（   ）

（4）市场三要素是指"人口＋需要＋购买欲望"。（   ）

3. 简答题

（1）你怎样理解市场调查的定义？

（2）市场调查有哪些主要步骤？

☞ 技能题

  1. 广东省高职高专英语应用能力等级考试经过试点后，开始全面实行计算机网上考试。某出版社拟针对这一变革，策划出版一些英语考试辅导用书。请问需要进行什么内容的图书市场调查，可帮助出版社做好该类图书的策划工作。

  2. 最近，国家颁布了一系列政策鼓励国民购买环保型节能汽车。某汽车企业拟开发新型小排量汽车。假如你被邀请为该企业做即将推出的小排量汽车定价调查，你将如何完成这项任务呢？请写出你的工作思路。

Ⓒ 观念应用

☞ 案例分析题

广州市房地产楼市竞争状况调查组织与实施计划

  2010 年 5 月 13 日：就现有规划方案组织专项讨论会。

2010 年 5 月 14 日：提交调查问卷样本及调查细化方案。

2010 年 5 月 15 日：正式签订合同，联络报社，进行报纸问卷调查。

2010 年 5 月 16 日：

(1) 宏观调查开始，走访开发区管委会、房管局、规划服务中心等。

(2) 竞争市场调查开始，对广州市内及开发区内竞争楼盘进行详细调查。

2010 年 5 月 17—18 日：

(1) 5 月 17 日报纸公开问卷见报。

(2) 集中访谈问卷调查阶段，访谈外商投资服务中心、华南电子、华侨中学、高速公路管理处等单位，同时实施街访，共收回问卷 241 份，有效问卷 235 份。

2010 年 5 月 19—20 日：

(1) 主体问卷调查阶段，走访小区、企事业单位、私营业主等，收回问卷 108 份，有效问卷 98 份。

(2) 三类问卷数据库建立。

2010 年 5 月 19—23 日：

(1) 报纸问卷陆续回收，截至目前，回收问卷 79 份，全部有效。

(2) 数据库数据录入。

2010 年 5 月 24—26 日：进行数据统计分析，市场调查报告（第一稿）形成。

2010 年 5 月 27 日：市调分析现场演示谈论会，市场调查报告（第一稿）提交。

2010 年 5 月 28—30 日：市场调查报告（修正稿）完成提交。

问题：

以上是某公司开展市场调查的组织与实施计划，请根据市场调查步骤的知识，分析这一市场调查的组织与实施计划的利弊。

☞ **实训活动**

请在网上找出 5 家专业市场调查公司的网站，通过网站的介绍了解公司的业务范围后，撰写调查报告。

第二单元

制订调查计划

学习目标

知识目标

（1）理解市场调查计划的作用。

（2）掌握市场调查计划书的内容。

（3）了解市场调查方法及分类。

（4）理解市场调查抽样方法及分类。

能力目标

（1）能编制简单的市场调查计划。

（2）能拟定市场调查内容提纲。

 引例

市场调查是需要计划的

在 MBA 的课堂上，一位同学就她所在公司的化妆品调查问卷，向"市场营销研究"课程的老师请教如何进行数据分析。老师提出以下几个问题：

（1）你要解决的问题是什么？

（2）问卷已经完成数据采集了吗？

（3）问卷是何时何地向什么人发放的？

通过交流发现学生对问卷要解决的问题并不清晰，公司问卷发放的时间、地点选择也存在问题：因为考虑到周末商场人流较多，访问放在周末时间商场里的品牌专柜完成，但是，因为人太拥挤，顾客完成问卷相当匆忙，而问卷中设计了较多的开放式问题，所以收回的问卷中开放题的回答几乎都是空白的！

 引言

很多人会认为，市场调查只是把需要了解的问题设计成问卷，找来相关人群访问，然后分析问卷、得出结论。实际情况并非如此简单，市场调查是具有科学性、系统性的管理工作，在进行市场调查工作之前必须进行详细的计划。以上引例中的调查，在没有界定清楚调查要解决的问题之前就开始设计问卷；在周末的商场调查，却设计多个开放题；没有问卷设计和调查经验，却直接大规模展开调查而不进行试调查，导致回收的问卷存在大量空白答题却已经完成了 500 份……这一切说明，没有详细、周密的市场调查计划，就不会有高质量的市场调查。

任务一　认识市场调查计划

学习任务

"倍慧"广告创意脚本测试研究项目计划

1. 调查背景

湖南 AA 乳业有限公司（简称"AA 乳业"）是一家集乳制品生产、加工、销售和科研于一体的现代化综合性企业，公司主要生产"南山"、"宾佳乐"两大品牌乳制品。其中南山奶粉畅销全国近 30 个省、自治区、直辖市，为全国奶粉行业十大畅销产品，在广大消费者的心目中有着较高的美誉度、忠诚度，先后获得"中国食品安全放心品牌"、"中国农产品市场畅销品牌"等荣誉称号。2005 年 3 月，国家统计局认定：南山奶粉进入全国市场同类产品销量前五强。为进一步拓展市场份额，AA 乳业开发出全新概念的"倍慧"品牌。

2009 年，为配合"倍慧"品牌的上市推广策略，AA 乳业设计了 3 个待选广告创意设计，希望通过市场研究甄选出最优的广告创意，并对根据该创意拍摄成的广告片脚本进行测试。

2. 调查目的

（1）选出最优广告创意，包括：从 3 个广告创意脚本中甄选出最优的设计；了解广告创意脚本的信息传递准确性；了解广告创意脚本的独特性；了解广告创意的修改意见，为广告拍摄提供素材。

（2）评价根据最优创意拍摄的广告脚本效果，包括测试拍摄后的 TVC 的沟通效果、测试新广告片的劝服力和独特性等。

3. **调查内容**

（1）广告创意测试。

①创意的总体评价；②创意的冲击力；③创意信息的独特性；④创意传递信息的可信性；⑤对品牌的适合性；⑥对创意广告执行的意见。

（2）广告脚本测试。

①记忆效果；②理解性；③品牌印象、评价、意见；④广告评价；⑤信赖性；⑥说服力；⑦购买意图。

4. **调查方法与抽样方法**

（1）广告创意测试采用焦点小组座谈会法。具体调研对象与抽样方法如表 2 - 1 所示。

表 2 - 1

调研形式	焦点小组座谈会（定性研究）
调研地点	广州、长沙
样本数量	3 场/城市，每场 8 人，总计 6 场
操作方法	每座城市将 3 个广告创意分别按 ABC、BCA、CAB 的顺序安排在 3 个小组中讨论（A、B、C 分别表示三个待检测的创意），每场座谈会讨论一组顺序
样本要求	•本人有年龄 7 周岁以下的小孩 •小孩在本地长大 •过去 3 个月内小孩吃过奶粉 •是小孩所用奶粉的主要品牌购买决策者 •本人或亲戚朋友没有在食品行业工作 •高中（含）以上学历 •家庭收入，广州 3 000 元以上，郑州、长沙 2 000 元以上/月 •符合市场研究的基本条件
配额要求（每场）	•按小孩年龄段配额： 　0 ~ 6 个月小孩母亲　　　　3 人 　7 ~ 12 个月小孩母亲　　　3 人 　1 ~ 3 岁小孩母亲　　　　　2 人 •每场小孩性别男女对半

（2）广告脚本测试采用预约访问法。集体预约访问的调研对象与抽样方式可

参见表 2-1。

5. 时间进度安排

时间进度安排见表 2-2。

表 2-2

工作内容	时间计划
前期沟通（计划书确认）	1 天
座谈会大纲设计和确认	2 天
座谈会被访者预约与准备	5 天
座谈会执行	2 天
座谈会笔录整理	2 天
定量问卷设计与确认	3 天（含广告片提供）
被访者甄别与预约、执行准备	12 天
现场测试执行	5 天（三地同时进行，含回访）
问卷数据处理（编码、录入）	3 天
研究分析报告撰写与沟通	6 天
研究分析报告提交	1 天
合　计	33 天（不包含项目流程之间的其他间隔）

6. 调查经费预算

调查经费预算见表 2-3。

表 2-3

序号	项目	单价/元	数量	小计/元	备注
一、研究设计费用					
1	方案设计				
2	问卷/大纲设计				座谈会大纲 1 份，定量问卷 1 套
二、研究执行费用					
1	座谈会执行				3 场/城市，共 2 座城市
2	座谈会笔录整理				

续上表

序号	项目	单价/元	数量	小计/元	备注
3	实地访问（预约）				150样本/脚本/城市，共3座城市
4	问卷编码				
5	数据录入				含数据报告
6	主持人差旅				含城市往返与补贴
7	定量差旅				含城市往返与补贴，共2座城市
三、研究分析费用					
1	分析总报告				
四、合计					
	本项目总费用				

🏛 相关资料

市场调查计划

　　市场调查计划（或市场调查方案）是在实际调查开始之前，对调查工作的各个方面和各个阶段进行的通盘考虑和安排，是一种事前计划安排。

　　市场调查计划书是市场调查计划制订的书面体现。它有两个方面的作用：一方面是调查机构提供给委托机构用来审议和检查调查项目计划和实施情况，另一方面是给调查者自己实施调查提供依据。一份市场调查计划通常包含以下内容：

　　（1）调查背景。简要介绍行业背景、企业及产品或服务现状，明确企业面临的营销决策问题。

　　（2）调查目的。根据营销决策问题明确调查目的，以及为企业营销决策的意义和作用。

　　（3）调查内容。将营销决策问题转换为具体的市场调研问题，明确要达到相应调查目的所需的各种信息，并在此基础上尽可能详细地列出调查的内容提纲。

　　（4）调查方法。根据需要收集的信息性质，明确搜集数据信息的具体方法，如定性调查法、定量调查法、电话访问法等。

　　（5）抽样方法。根据需要收集的信息的性质确定抽样方法，明确在什么区域、用何方法抽取满足哪些条件的调查样本。

（6）调查的组织实施计划。制订调查实施过程中的具体工作计划，如各工作环节的人员安排、调查的质量控制、调查的时间进度安排等。

（7）调查经费预算。对调查工作中各环节产生的费用进行预算。

（8）附录。根据需要提供一些详细说明文件，如调查内容的详细提纲、抽样方案的详细技术及细节说明等。

任务二　制订市场调查计划

学习任务

某学校食堂承包租约即将到期，校方管理者需要做出是否与目前的承包经营者续约的决定，为此，校方管理者希望通过学生对食堂的满意情况调查来确定。假设现在校方管理者委托你来帮忙完成此项调查，请你制订这次调查的调查计划。

相关资料1

制订市场调查计划的流程

制订市场调查计划的流程如图2-1所示。

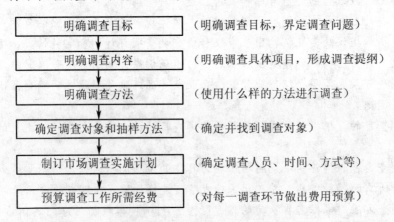

图2-1　制订市场调查计划的流程

工作步骤

●第一步：明确调查目标——调查什么

（1）与校方讨论：了解校方对食堂承包经营者的选择要求，他们评价承包商的标准、对目前承包商的看法、更换承包商的依据等。

（2）与在食堂就餐学生座谈，了解他们的生活费用、用餐成本等，听取他们对目前食堂的看法和意见，形成学生对食堂承包商的意见和看法的初步认识。

（3）访谈食堂承包商，了解他们的经营状况，如在哪儿进货、成本构成等，尤其是结合校方管理者和学生提到的一些问题了解相关情况，但要把握分寸和保持中立。

（4）访谈其他学校的食堂承包商，了解食堂承包经营的共性特征，如成本、利润率等，也可用来印证本校食堂承包商反映的问题是否真实可信。

（5）通过二手资料或到菜市场实地观察，了解本地的农产品价格水平等相关背景信息。

在上述的探索性调研中，首先要确定管理者更换或续约的标准，然后再决定是否需要了解学生的食堂满意度；了解学生食堂满意度并不一定要涉及所有因素。比如，管理者认为"学生都说饭菜价格太高"这个观点不是非常重要，那么根据调查目的，学生对饭菜价格的态度和承受范围就不是本次所需要调查的内容；如果学生对价格意见大，管理者也认为这一点很重要，但通过对承包商和其同行及本地物价水平的调查了解到，想压低价格是做不到的，那么学生对价格的态度和承受范围也不需要纳入正式调查，而是需要在未来的报告中向管理者报告：饭菜的价格问题不能构成更换承包商的理由。

通过这一阶段的调研，我们要把校方的管理决策问题转换成市场调查要研究的问题。假定经过前面的调查，我们发现管理决策者续约与否的标准并不清晰（通常情况都会这样），只是想根据学生满意情况再来做出决定。因此我们把本次调查的目标界定为学生食堂满意度的全面调查，通过调查为决策者建立更清晰的评价标准。

相关资料2

明确调查目标

制订市场调查计划的第一步是明确调查目标，即把管理决策问题转换为市场调查问题。这一步要做的工作就是开展探索性调研，包括与管理决策者讨论、专家访谈、二手资料调研、（相关人士的）深度访谈或小组座谈。在明确调查的背景信息、影响管理决策的主要因素、哪些因素值得调查后，清晰地界定调查要解决的问题，明确调查目标。

常见的调查目标有消费者行为态度研究（包括消费者购买行为分析、消费者使用习惯和态度分析、顾客满意度研究等）、产品研究（包括新产品构想调查、产品概念测试、产品测试、产品价格测试、产品包装测试等）、广告研究（包括广告文案测试、广告效果测试等）。

● 第二步：明确调查内容——形成调查提纲

（1）通过二手资料的文献检索，了解已有的一些食堂或服务类企业满意度调查指标体系的构建，以此来启发我们建立自己的指标体系。

（2）通过进一步的学生访谈，即对学生进行个人访谈或几组学生进行小组座谈，进一步了解学生从哪些方面对食堂服务作出评价，了解学生满意的方面和不满意的方面。

通过这一步，我们形成了食堂满意度评价指标体系，见图2-2。

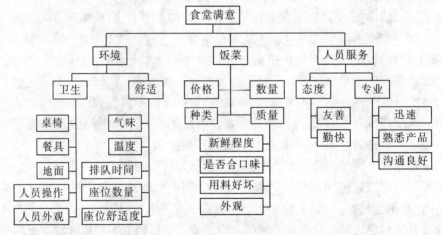

图2-2　食堂满意度评价指标体系

（3）调查提纲。

①学生基本资料：年级、班级、生源地、性别、月均生活费用、收入。

②食堂满意度测试：

a. 总体满意度。

b. 环境总体满意度：环境卫生满意度（包括桌椅、餐具、地面、人员操作、人员外观的卫生）、环境舒适程度满意度（包括气味、温度、排队时间、座位数量、座位舒适程度等)。

　　c. 饭菜总体满意度：价格、数量、种类、质量（包括饭菜新鲜程度、是否合口味、用料好坏、外观等）的满意度。

　　d. 人员服务总体满意度：人员的态度（包括是否友善、是否勤快）和人员的专业性（包括服务是否迅速、是否熟悉产品、是否能很好地与人沟通）的满意度。

🏛 相关资料3

明确调查内容

　　制订市场调查计划的第二步是在明确调查目标的基础上，确定调查的具体项目，拟定调查提纲。

　　在拟定调查提纲时，需要以下几方面的支持来完成提纲的构建：

　　（1）利用现成的理论模型。

　　（2）查阅二手资料，利用已有的研究成果。

　　（3）调查者的一手定性调查结果。

　　例如在食堂学生满意度调查中，调查学生对食堂的满意度评价具体应该从哪些方面展开呢？

　　（1）理论模型：满意度调查是通过构建满意度指标体系，并对每项指标打分来完成的。

　　（2）二手资料：通过上网查找，发现有不少现成的食堂满意度调查表，通过总结归纳，得到自己的包含三级满意度指标食堂满意度指标体系。

　　（3）找本校学生座谈：对形成的指标体系进行调整完善。

🏛 相关资料4

确定调查内容

1. 消费者行为态度分析

（1）消费者购买行为分析。

对消费者购买行为的调查内容通常包括（5W1H模型）：

①What：即购买什么商品，包括购买什么价格、款式、颜色、品牌、规格等具体内容。

②Why：即为什么购买，包括为什么购买某产品或服务、为什么购买某品牌、为什么购买某价格、为什么购买某款式、为什么购买某规格、为什么购买某颜色、为什么在某地购买等，还包括为什么不购买某产品、某品牌、某款式的原因。

③Who：即由什么人购买。在顾客购买行为过程中，有"五个角色"参与购买决策，即倡议人、影响人、决策人、执行人、享受人。对于某种商品的消费者购买行为分析来说，需要弄清楚以上全部或部分角色的实际承担者。

④Where：即在什么地方购买，包括在什么区域、什么类型、什么品牌的零售终端购买等信息。

⑤How：即怎样购买，包括支付方式、提货方式、交通到达方式、产品或品牌信息获取方式、产品或服务评价方式等。

（2）消费者使用习惯与态度分析。

①产品使用情况。包括是否使用过、为什么不使用、过去何时使用过、一定时间内平均使用多少、使用什么品牌的产品、使用什么类型的产品、使用什么规格的产品、使用什么包装的产品、在什么时间使用、在什么场合使用、在什么地方使用、在什么情况下使用。在上面提到的5W1H模型也可以在此套用，只是将购买变成使用即可。

②品牌（购买）使用习惯和态度。

a. 品牌认知。研究品牌认知通常使用以下指标：品牌知名度，第一提及知名度（第一提及意味着该品牌在消费者心中是该品类的代名词）、提示前知名度、提示后知名度；品牌关注度，由品牌广告知名度等表现；品牌美誉度，由消费者品牌偏好表现。

b. 品牌购买习惯。对品牌购买习惯的研究包括：品牌是否是消费者产品购买的唯一因素、品牌在消费者产品购买考虑的因素中的排名。

c. 品牌使用习惯。品牌的使用习惯通常被区分为：（a）曾经使用过，但不想再使用；（b）不是喜欢的牌子，但偶尔会使用；（c）经常使用的几个牌子之一；（d）唯一使用的品牌。除了对品牌使用习惯的研究，还包括对使用习惯形成的原因的追问。

具体使用的指标有：（a）品牌渗透率：品牌曾经使用率（使用过某品牌的人数/总样本数）、品牌使用率（过去6个月或3个月使用过某品牌的人/总样本数）、品牌采用指数（过去3个月该品牌的使用率/过去6个月该品牌的使用率）；（b）最常使用（购买率）：某段时间（通常包括过去3个月或6个月）最常使用某品牌人数/总样本数；（c）品牌忠诚度：品牌保持率、品牌转移率。

d. 品牌引力。使用的指标：品牌试用指数（曾经使用过该品牌的人数/知道该品牌的人数）。

e. 品牌产品（服务）特征评价。给同类产品的不同品牌在各产品或服务属性方面的表现打分。

f. 品牌形象。包括品牌的产品形象、企业形象等。

（3）顾客满意度研究。

要评价顾客满意的程度，必须建立一组与产品或服务有关的、能反映顾客对产品或服务满意程度的评价项目，作为顾客满意度的评价指标。评价项目的设定应既包括产品的核心项目，又包括无形的和外延的产品项目。如在食堂满意度评价指标体系中，我们既包括对核心项目——饭菜的评价，同时也包括对无形和外延的项目——环境和人员服务的评价。在每一个评价项目之下，又包括对多个不同属性的评价。

2. 产品研究

（1）新产品构想调查。

①使用习惯和态度研究：发现什么需求尚未满足、发现消费者在哪些重要的产品特性上尚未被现有的产品满足。

②利益点构造分析法：首先定性研究，挖掘产品的利益点；再进行定量研究，对每一项利益点的重视程度和满意程度进行测试，以此发现某个利益点的不满意程度。

③问题点调查法：首先定性研究，挖掘产品使用的问题点；再进行定量调查，对每一问题点的发生频率、重视度、未解决度进行测试和计算。

（2）产品概念测试。

产品概念测试包括三类：概念筛选测试、概念吸引力测试和产品样板测试。

①概念筛选测试。通过制作概念卡，让消费者按"有兴趣购买"、"没兴趣购买"、"说不清有无购买"归类；从"有兴趣购买"的卡中选出前三位有兴趣的询问："这个概念卡想告诉些什么？""概念中的产品是否独特？独特在哪里？""概念是否可信，不可信的地方在哪里？"从"没有兴趣购买"的卡中，选出前二位无兴趣的卡询问其不喜欢的地方。

②概念吸引力测试。出示被测试的概念卡，询问：

a. 对产品的购买兴趣：购买的原因、不购买的原因。

b. 对产品的喜欢程度：喜欢的地方、不喜欢的地方。

c. 概念的理解程度、可信程度。

d. 对产品的总体评价。

e. 对产品关键特性的评价。

f. 产品的独特性（新颖程度）。

g. 与最常用品牌比较。

h. 对购买习惯的影响。

③产品样板测试。出示被测试概念卡和制成产品样板，分别围绕购买兴趣、喜欢程度、产品独特性、产品关键特性评价展开测评，并让被访者比较概念与产品样板是否吻合。

（3）产品测试。

根据产品测试目的和测试方法的不同，产品测试可分为四种类型：

①单一产品测试。在消费者试用产品后测试以下问题：产品的整体评价；喜欢和不喜欢的地方；购买产品的可能性；对产品每一特性的评价。

②顺序单一配对比较测试。被访者先试用 A 产品，然后用问卷询问意见；再试用 B 产品，再用问卷询问同样问题的意见。最后再询问对 A、B 两产品作比较的意见。问题内容包括：产品总体评价；喜欢和不喜欢的地方；购买产品的可能性；对产品每一特性的评价；更喜欢哪种产品；更喜欢的原因；等等。

③第一单产品测试。被访者先试用 A 产品，然后用问卷询问意见；再试用 B 产品，不问对 B 产品的意见，直接问比较意见。所有被访者一半先试用 A 产品，一半先试用 B 产品。问题内容同上②。

④配对比较。被访者先试用 A 产品，再试用 B 产品，然后询问比较意见。比较测试问题同上②。

3. 市场细分研究

市场调查中通常都会结合一些细分变量进行市场细分研究，即通过市场细分变量来区隔出具有不同行为、态度和意见见解特征的消费群体。常见的细分变量包括：

（1）人口统计特征。

常用的人口统计特征包括年龄、性别、文化程度、职业、收入、婚姻状况、家庭规模和结构、媒体接触习惯等。

（2）心理和行为特征。

常用的心理和行为特征包括：①生活方式：价值观、工作状态、休闲娱乐方式、交友方式等；②产品消费数量或频率等。根据此细分变量，可以将消费者区隔为产品的非使用者、少量使用者、中度使用者、大量使用者。

● **第三步：明确调查方法——使用什么调查方法**

1. 探索性调查阶段

（1）二手资料调查法：上网查找食堂原材料单价、有关食堂满意度已有的文献和问卷等。

（2）深度访谈：与校方管理者、食堂经营承包者等的个别访谈。

（3）焦点小组座谈会法：召集学生开座谈会了解情况。

2．正式调查阶段

自填式问卷调查。

相关资料5

选择调查方法

根据调查资料的性质可以把市场调查分为二手资料调查（文案调查）和一手资料收集。

1．二手资料调查

这不是为了目前正在研究的问题而收集的，而是为了其他目的已经收集的资料（包括企业内部资料、政府发布的正式数据、杂志、报纸、书籍和商业资料等）。

2．一手资料收集

一手资料是为了正在研究的问题专门收集的资料。搜集第一手资料的方法可以分为定性和定量调查方法。

（1）定性调查是研究事物的结构和层次，是对潜在的原因和动机的理解。常用的定性调查的方法有焦点小组座谈会、深度访谈。

（2）定量调查就是对一定数量的调查对象样本进行封闭式（结构性的）问卷访问，然后对调查的数据进行统计整理和分析，得出结论并撰写报告的方法。常用的有拦截访问、电话访问、入户访问、邮寄问卷、留置问卷等方法，其中观察法和实验法在定性和定量研究中都可以使用。

在食堂满意度调查中，在期初的探索性调查中采用了二手资料调研查法、定性调查方法（深度访谈、焦点小组座谈会），在正式调查中采用了定量调查方法（自填式问卷）。

●**第四步：确定调查对象和抽样方法——向谁调查**

（1）调查对象：本校在食堂就餐的学生。

（2）抽样方法：在学校食堂门口摆好桌子，拦截就餐完毕的学生填写问卷，计划完成300份，即调查样本量为300。

🏛 相关资料 6

抽样调查方法

抽样调查方法是从调查对象总体中抽取一定数量的样本进行调查，分为随机抽样和非随机抽样。

1. 随机抽样

随机抽样调查是按照随机原则从调查对象总体中抽取样本调查。由于样本抽取运用的随机原则，因此保证了样本特征推断总体特征的可靠性。随机原则即保证调查对象总体中每个单位都有客观相等的被选中的机会。随机抽样方式有四种基本的抽样方法，即简单随机抽样、等距抽样、类型抽样和整群抽样。

（1）简单随机抽样。

简单随机抽样也称为单纯随机抽样，是抽样中最基本，同时也是最简单的抽样组织形式。抽取样本时先将各单位加以编号，然后用抽签的方式或根据《随机数字表》来抽取必要的单位数。

①抽签法。用此法抽取样本，是先将调查总体的每个个体编上号码，然后将号码写在卡片上搅拌均匀，任意从中抽选，抽到一个号码，就对上一个个体，直到抽足预先规定的样本数目为止。例如，我们在日常生活中常用的"抓阄"就是一种简单随机抽样的方法：一个确定总体的所有单位代表物被装入一个容器中，打乱次序搅匀后从中抽取，每个单位都有相等的被抽中的机会。在这里，盛着所有单位代替物（姓名或代号的纸片）的容器就是所谓"抽样框"。当总体较小时，用这种方法选取调查对象是很方便的；但是当总体较大时，这种方法就很不方便了，可以采用随机数字表法。当然现在也产生了新的方法，运用电脑进行大总体的随机抽样，如市场调查中的电话访问随机抽样，就通过计算机随机函数从大量电话号码中随机抽取要调查的样本。

②随机数字表法。随机数字表法是先将总体中的全部个体分别标上 1 至 n 个号码，然后利用随机数字表随机抽出所需的样本。随机数字表又称乱数表，是一种按双位或多位编排的大小数互相间杂的数表，利用特制的摇码机器或计算机，用随机方法编制而得，客观上为表内任何数码都提供了相等的出现机会。

③简单随机抽样的优点和局限性。简单随机抽样的优点是方法简单，易于理解。当总体较小时，可利用抽签法；当总体较大且又能够方便得到一个有顺序号的清单时，可以利用随机数字表法。局限性是在市场调查中，总体清单往往不可能事先得到，而且总体往往很大，逐一编号非常难做到；当调查总体的标志变异程度较大时，简单随机抽样的代表性就不如经过分组后再抽样的代表性高。

（2）等距抽样。

等距抽样也称机械抽样或系统抽样。它是先按某一标志对总体各单位排队，然后按一定顺序和间隔来抽取样本单位的一种抽样组织形式。

①抽样过程。对总体各单位进行排队所依据的标志有两种：一种是按与调查项目无关的标志排队。例如，在住户调查时，选择住户可以按住户所在街区的门牌号码排队，然后每隔若干个号码抽选一户进行调查。另一种是按与调查项目有关的标志排队。例如，住户调查时，可按住户平均月收入排队，再进行抽选。确定抽选距离之后，可以采用简单随机抽样方式，从第一段距离中抽取第一个个体，为简化工作并防止出现某种系统性偏差，也可以从距离的 1/2 处抽取第一个个体，并按抽选距离继续抽选余下的个体，直到抽够为止。

例如，从 600 名大学生中抽选 50 名大学生进行调查，可以利用学校现有名册按顺序编号排队，从第 1 号编至 600 号。

抽选距离 $= N/n = 600 \div 50 = 12$ 人。

从第一个 12 人中用简单随机抽样方式，抽取第一个样本个体，假设抽到的是 8 号，如此类推，依次抽出的是 20 号、32 号、44 号……

②等距抽样的优点和局限性。等距抽样与简单随机抽样相比，可使中选个体比较均匀地分布在调查总体中，尤其当被研究现象的标志变异程度较大，而在实际工作中又不可能抽选更多的样本个体时，这种方式更为有效，因此等距抽样是市场调查中广泛应用的一种抽样方式。但等距抽样的运用，要有调查总体每个个体的有关材料，特别是按有关标志排队时，往往需要有较为详细、具体的相关资料，这是一项很复杂和细致的工作。

抽样间隔的选择要谨慎，当抽选间隔和被调查对象本身的节奏性（或循环周期）相重合时，就会影响调查的精度。例如，对某商场每周的商品销售量情况进行抽样调查，若抽取的第一个样本是周末，抽样间隔为 7 天，那么抽取的样本个体都是周末，而周末往往商品销售量较大，这样就会发生系统性偏差（即各样本标志值偏向一边），从而影响等距抽样的代表性。

（3）类型抽样。

类型抽样又称分层抽样，是先对总体各单位按主要标志加以分组，然后再从各组中按随机原则抽取一定单位构成样本。如在进行农产品产量抽样调查时，按地形条件把全部耕地分为山地、丘陵、平原等三个类型，然后再从不同类型组中抽取一定数量的耕地进行调查。抽样的方式一般有等比例抽样与非等比例抽样两种。

①等比例类型抽样。等比例类型抽样是按各类型（或各层）中的个体数量占总体数量的比例分配各类型的样本数量。

例如，某地共有居民 2 万户，按收入高低进行分类，其中，高收入居民为

4 000 户，占总体的20%；中等收入为1.2万户，占总体的60%；低收入为4 000户，占总体的20%。从中抽选200户进行购买力调查，则各类型应抽取的样本个体数为：

收入高的样本数目为：200 户×20% =40 户

收入中等的样本数目为：200 户×60% =120 户

收入低的样本数目为：200 户×20% =40 户

这种方法简便易行，分配合理，计算方便，适应各类型之间差异不大的分类抽样调查。如果各类之间差异过大，则不宜采用，而应采用非等比例类型抽样。

②非等比例类型抽样。非等比例类型抽样不是按各层中个体数占总体数的比例分配样本个体，而是根据其他因素（如各层平均数或成数均方差的大小，抽取样本的工作量和费用大小等），调整各层的样本个体数，即有的层可多抽些样本个体，有的可少抽样本个体，这种分配方法大多适用于各类总体的个体数相差悬殊或均方差相差较大的情形。在调查个体相差悬殊的情况下，如按等比例抽样，可能在总体个体数少的类型中抽取样本个体数过少，代表性不足，此时可适当放宽多抽；同样，均方差较大的，也可多抽些样本个体，这样可起到平衡均方差的作用。但是，在调查前准确了解各组标志变异程度的大小是比较困难的。

③类型抽样的优点及局限性。类型抽样较之简单随机抽样和等距抽样更精确，能够通过对较少的样本单位的调查，得到较精确的推论结果。当分层标志与其他总值特征标志有较强的相关时，如在消费者调查时，如果研究者采用年龄标志对总体分层（类），而年龄与其他变量如收入、文化程度等高度相关时，采用类型抽样的优点就更明显。类型抽样严格要求抽样之前必须具有完整的抽样框，这使得其应用范围受到很大限制。

尽管如此，在市场调查中，研究者只要有可能还是尽量采用类型抽样的方法，因为对抽样框的研究和整理是研究者所能控制的，特别是这种研究和整理可以减少抽样单位数量，能极大地提高市场调查效率。

（4）整群抽样。

整群抽样也称集团抽样。它是将总体各单位划分成许多群，然后从其中随机抽取部分群，对中选群的所有单位进行全面调查的抽样组织形式。

①整群抽样的方式。整群抽样最主要的特征是组建样本的多阶段性。与前面所介绍的三种抽样方式不同，整群抽样不是从总体中直接选取最终的调查单位，而是首先随机抽取包括样本单位的群，最后再从中随机抽取出样本单位。例如，当对某城市住户消费状况进行抽样调查时，就可在该城市中先选出街道，然后可从选中的街道中再选出居委会，最后在选中的居委会中再确定出调查的住户。

②整群抽样的优点及局限性。整群抽样的优点是组织工作比较方便，确定一

组就可以抽出许多个体进行观察。但是，正因为以群为单位进行抽选，抽选个体比较集中，明显地影响了样本分布的均匀性。因此，整群抽样和其他抽样方式相比，在抽样个体数目相同的条件下抽样误差较大，代表性较差。在抽样调查实践中，采用整群抽样时，一般都要比其他抽样方式抽选更多的个体，以降低抽样误差，提高抽样结果的准确程度。

当然，整群抽样的可靠程度，主要还是取决于群与群之间的差异大小，当各群间差异越小时，整群抽样的调查结果就越准确。

（5）随机抽样方法的选择及比较。

以上介绍的四种随机抽样的方法，在实际市场调查中常综合地配合应用。在选择随机抽样方法时，要考虑以下三方面的因素：

①对抽样误差大小的要求。根据调查经验，通常按有关标志排队的等距抽样方式的抽样误差最小，其次是类型抽样、按无关标志排队的等距抽样、简单随机抽样、整群抽样。在实际调查时，可根据对调查误差的不同要求，选择适当的概率抽样调查方式。

②调查对象本身的特点。选择随机抽样方法时，要考虑对调查对象所能了解的程度。有些调查对象，事先没有关于调查单位的全面、详细的资料，就无法采用按有关标志排队的系统抽样，而只能采用其他抽样方式。因此，对调查对象了解得越周全，就越能采用准确性较高的抽样方式。

③调查费用和时间等条件。在选择随机抽样方法做某项市场调查前，如考虑到简单随机抽样抽出的样本可能极为分散，在各地都有，会增加调查往返的时间和费用，就可考虑采用整群抽样方式，使调查样本相对集中，调查员行动半径缩小，以节省人力、费用和时间。

2. 非随机抽样

非随机抽样是指抽样时不遵循随机原则，按照调查人员的主观判断或标准抽选样本的抽样方式。主要有任意抽样、判断抽样、配额抽样和滚雪球抽样四种。前三种为单阶段抽样方式，后一种为多阶段抽样方式。

（1）任意抽样。

任意抽样也称偶遇抽样或方便抽样，是根据调查方便而抽取调查对象的一种方法。"街头拦人法"和"方位选择法"是任意抽样的两种最常见的方式。如记者在街上对行人的访问、市场调查人员在街头向行人散发宣传品或询问他的某种看法或进行问卷调查，这都是属于"街头拦人法"。"方位选择法"是以某聚集在一起的人群，从空间的不同方向选择被调查对象的一种方法，如在大商场各个楼层进行的任意抽样调查等。

任意抽样最大的特点是能够及时获得所需的信息，省时、省力、节约调查支

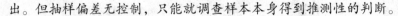

出。但抽样偏差无控制，只能就调查样本本身得到推测性的判断。

（2）判断抽样。

判断抽样也称立意抽样、目的抽样或典型调查，是依据调查研究者对总体的认识等主观因素或调查目的等，从总体中选择调查对象的一种方式。"判断"包括两个主要内容：①判断总体的特征如规模、结构等；②判断拟调查对象样本对于总体的代表性，如是哪种类型的"典型"。

判断抽样法具有简便、易行、及时，符合调查目的和特殊需要，可以充分利用调查样本的已知资料，被调查者配合较好，资料回收率高等优点。但是，这种方法易发生主观判断产生的抽样误差，同时由于判断抽样中各个调查个体被抽取的概率不知道，因而无法计算抽样误差和可信程度。如果调查者的经验丰富，知识面广，判断能力强，抽取的样本代表性就大，反之则小。

（3）配额抽样。

配额抽样是非概率抽样中最流行的一种。运用配额抽样进行抽样，要按照一定标准分配样本数额，并在规定数额内由调查人员任意抽选样本。这种方法同类型抽样有相似的地方，都是事先对总体中所有个体按其属性、特征分类，这些属性、特征称为"控制特性"，如市场调查中的消费者的性别、年龄、收入、职业、文化程度等，然后按各个控制特性分配样本数额。但它与类型抽样又有区别，类型抽样是按随机原则在层内抽取样本，而配额抽样则是由调查人员在配额内主观判断选定样本。

尽管配额抽样不具备从样本推论总体的科学依据，但由于其注重样本结构与总体结构在量上的类似性，只要抽样设计完善，调查员素质好，调查结果的可靠性和准确性在非随机抽样中是最好的，因而在市场调查中得到广泛应用。从具体操作看，配额抽样的核心是组建样本配额控制表。

例如，在某城市进行的商业网点销售调查，通过其重要标志对总体划分后，得到下列信息：该城市有各类商业网点 2 000 个，其中：大型的 100 个，中型的 1 000 个左右，小型的 900 个左右；属于批发的有 200 个左右；坐落在中心区的占 45%左右，中间的占 40%左右，边缘的占 15%左右。

本次调查要求访问各类商店 200 个，具体要求包括三种类型，各自数额为：大型的 10 个，中型的 100 个，小型的 90 个；批发型的 20 个，零售型的 180 个；中心区的 90 个，中间区的 80 个，边缘的 30 个。将这三类相互交织分配后就可制定出"样本配额控制表"，如表 2-5 所示。

表 2-5 样本配额控制表 单位：个

	大 型		中 型		小 型		合 计
	批发	零售	批发	零售	批发	零售	
中心区	—	4	8	32	2	44	90
中间区	—	2	4	44	2	28	80
边缘区	2	2	2	10	—	14	30
合计	2	8	14	86	4	86	200

有了这个配额控制表，调查时就可以按区域调配调查访问人员，并使之清楚地了解应如何选取所需的调查对象。

（4）滚雪球抽样。

在滚雪球抽样中，通常采用随机方式选择一组调查对象或个体，在对他们进行调查后，根据他们所提供的信息或由他们推荐选择下一组调查对象或个体。这样，通过上一组选择下一组，像滚雪球一样一波一波地继续下去，直到调查结束。即使第一组调查个体是通过概率抽样选择出的，但是最终的样本是非概率样本。

例如，在劳务市场调查有关保姆问题时先访问了 6 名保姆，然后请她们再提供其他保姆名单，逐步扩大到近百名。通过对这些保姆的调查，对保姆的来源地、从事工作的性质、经济状况等有了比较全面的掌握。

滚雪球技术的主要优点表现在，通过对调查总体设定期望的特征，从而增强了样本个体的相似性。因此，采用这种方法所产生的抽样误差比较小，成本比较低。

● 第五步：制订市场调查实施计划——怎样组织调查

（1）成立项目小组，成员由王军、李林、宋平组成，王军担任研究人员兼项目经理、李林担任调查督导、宋平负责数据处理。

（2）项目小组带领 2008 级市场营销班学生以课程实训的方式实施调查。

（3）整个项目耗时 15 天，具体安排如下：前期研究设计 5 天；调查抽样及实施 7 天；数据录入与分析 2 天；调查报告写作 1 天。

🏛 相关资料7

调查项目执行计划

1. 调查项目执行计划

调查项目执行计划通常包括人员安排、时间进度安排等；可以根据实施过程中调查委托方看重的因素增加其他一些方面的内容，如调查实施过程中的质量控制措施；有时候专业调查公司希望在向委托方提供的调查计划中突出自身在调查执行方面的技术优势，也会额外增加一些其他执行过程的描述。如邀请了什么行业专家进行咨询、某研究人员的身份阅历等。

大型、较复杂、耗时较长、比较正式的调查项目往往还会设计专门的调查执行计划，也称执行手册，在执行手册中会把每个阶段的进度、人员安排以及阶段之间的衔接、人员的工作配合等进行非常详尽的安排。

2. 调查项目小组人员组成

调查项目小组人员通常由调查研究人员、调查执行督导、数据整理分析人员 (3~8人) 构成，指定项目经理1人，负责项目的整体协调和监控。

(1) 调查研究人员：负责市场调查计划的制订、问卷设计、数据分析和调查报告。

(2) 调查执行督导：负责调查的具体实施，包括实施访问人员的选拔或招聘、培训，调查实施过程监控、调查问卷回收及初审、项目实施过程中的时间、经费控制等。

(3) 数据整理分析人员：负责对回收问卷进行再审、数据录入、数据的初步整理分析形成数据报告、协助研究人员进行其他数据分析等。

●第六步：经费预算——调查工作的开支

(1) 研究计划制订及问卷设计：8 000元。
(2) 问卷印制、调查执行劳务及其他费用：3 000元。
(3) 问卷录入、数据处理分析：2 000元。
(4) 调查报告写作及汇报：3 000元。
合计：1.6万元。

⊕ 单元小结

● 市场调查计划，也叫市场调查方案，是在实际调查开始之前，对调查工作的各个方面和各个阶段进行通盘考虑和安排，它是一种事前计划安排。

- 一份市场调查计划通常包含以下内容：调查背景、调查目的、调查内容、调查方法、抽样方法、调查的组织实施计划、调查经费预算、附录等。

- 确定调查目标就是把管理决策问题转换为市场调查问题。这一步要做的工作就是开展探索性调研，包括与管理决策者讨论、专家访谈、二手资料调研、（相关人士的）深度访谈或小组座谈。

- 明确调查内容就是在明确调查目标的基础上，确定调查的具体项目，拟定调查提纲。

- 市场调查方法首先分为二手资料调查（文案调查）和一手资料收集两种方法。二手资料调查也叫文案调查。二手资料不是为了目前正在研究的问题而收集的，而是为了其他目的已经收集的资料；一手资料是为了特定调查目的而收集的资料。搜集第一手资料的方法又可以分为定性和定量的调查方法。定性调查是研究事物的结构和层次，潜在的原因和动机的理解。常用的定性调查的方法有焦点小组座谈会、深度访谈；定量调查就是对一定数量的调查对象样本进行封闭式（结构性的）问卷访问，然后对调查的数据进行统计整理和分析，得出结论并撰写报告的方法。常用的定量调查的方法有拦截访问、电话访问、入户访问、邮寄问卷、留置问卷等，其中观察法和实验法在定性和定量研究中都可以使用。

- 抽样分为随机抽样和非随机抽样。随机抽样方式有四种基本的抽样方法，即简单随机抽样、等距抽样、类型抽样和整群抽样；非随机抽样方式主要有四种，即任意抽样、判断抽样、配额抽样和滚雪球抽样。

- 调查项目执行计划通常包括人员安排、时间进度安排等；调查项目小组人员通常由调查研究人员、调查执行督导、数据整理分析人员（3~8人）构成，指定项目经理1人，负责项目的整体协调和监控。

◎ 重要概念

市场调查计划　探索性调研　调查提纲　二手资料调查　定性调查　定量调查　深度访谈　焦点小组座谈会　观察法　实验法　问卷访问　随机抽样　非随机抽样　简单随机抽样　等距抽样　类型抽样　整群抽样　任意抽样　判断抽样　配额抽样　滚雪球抽样

⊕ 基本训练

☞ 知识题

1．选择题（不定项）

（1）市场调查计划是市场调查工作开始前的（　　）。

A．调查方案

B．事前计划

C．研究思路

D．对调查工作的各个方面和各个阶段进行通盘考虑和安排

（2）根据调查资料的性质可以把市场调查分为（　　）。

A．一手资料收集和二手资料调查　　　B．定性调查和定量调查

C．观察法、实验法、问卷调查法　　　D．探索性调查和正式调查

（3）常用的定性调查的方法有（　　）。

A．二手资料调查法　　　　　　　　　B．问卷调查法

C．深度访谈　　　　　　　　　　　　D．焦点小组座谈会

（4）常见的定量调查方法有（　　）。

A．拦截访问　　　　B．电话访问　　　C．入户访问

D．邮寄问卷　　　　E．留置问卷　　　F．深度访谈

（5）随机抽样方式有（　　）。

A．简单随机抽样　　B．等距抽样　　C．任意抽样　　D．判断抽样

E．配额抽样　　　　F．整群抽样　　G．滚雪球抽样　　H．整群抽样

（6）非随机抽样方式有（　　）。

A．简单随机抽样　　B．等距抽样　　C．任意抽样　　D．判断抽样

E．配额抽样　　　　F．整群抽样　　G．滚雪球抽样　　H．整群抽样

2．判断题

（1）调查目标的确定，就是把管理决策问题转换为市场调查问题。（　　）

（2）明确调查的具体内容，在明确调查目标的基础上，确定调查的具体项目，拟订调查计划。（　　）

（3）二手资料调查也叫文案调查，是指为了目前正在研究的问题而专门收集资料的方法。（　　）

（4）定量调查是研究事物的结构和层次及对潜在的原因和动机的理解。（　　）

（5）定量调查就是对一定数量的调查对象样本进行封闭式（结构性的）问

卷访问，然后对调查的数据进行分析，得出结论并撰写报告的方法。（　　）

（6）类型抽样也称为系统抽样。（　　）

（7）"街头拦人"调查法属于随机抽样。（　　）

（8）整群抽样必定是多阶段抽样。（　　）

3．简答题

（1）简述市场调查计划的内容。

（2）比较四种随机抽样方法的优劣。

☞ 技能题

1．某公司准备进入美国市场，该怎样确定调查内容？

2．在对学生食堂满意度调查中，请你再找出一些可行的抽样方案，并进行优劣比较。

◉ 观念应用

☞ 案例分析题

康泰克的代价

康泰克是中美天津史克公司于 1989 年推出的一种治疗感冒的药物，通过这些年广泛的宣传，已家喻户晓，成为广大消费者治疗感冒的第一选择，"当你打第一个喷嚏时，康泰克 12 小时持续效应"的广告已成为广告界的佳话。11 年间康泰克在市场的累计销量已经超过 50 亿粒（截至 2000 年底），年销售额高达 6 亿元，在感冒药市场中占据较高的市场份额。但是 2000 年 10 月国家药品监督管理局（SDA）颁布禁止销售含有 PPA（苯丙醇胺）的药物的通告，不仅让使用过该药的患者感到担心和失望，对中美天津史克公司更是当头一棒，面临着销售额、利润下降等多方面的沉重打击。据 2001 年 9 月 6 日《市场报》报道，在康泰克退出市场不到一年的时间里，中美史克公司的直接经济损失高达 6 亿元人民币。与此同时，其他竞争者迅速进入感冒药市场，瓜分康泰克退出的市场。作为国内外闻名的医药生产者，中美天津史克公司难道从未想到过会有这一天吗？

早在三年前，美国食品药品监督局（FDA）就委托哈佛大学某药物研究所对 PPA 所造成的副反应进行跟踪及研究。对于这一信息，美国史克必成公司总部不会不知道，中美史克公司也不会不晓得。但他们都没有考虑到此项研究结果对康泰克将造成什么样的不利后果而积极准备补救措施，更没有及时研究市场的需求状况，及时开发不含 PPA 的替代品，致使在该药禁止销售后，中美天津史克公司无法在短期内生产出不含 PPA 的康泰克。而在美国的一些生产含有 PPA 的厂

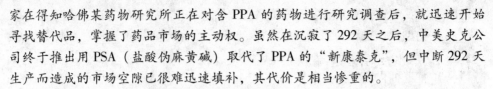

家在得知哈佛某药物研究所正在对含PPA的药物进行研究调查后，就迅速开始寻找替代品，掌握了药品市场的主动权。虽然在沉寂了292天之后，中美史克公司终于推出用PSA（盐酸伪麻黄碱）取代了PPA的"新康泰克"，但中断292天生产而造成的市场空隙已很难迅速填补，其代价是相当惨重的。

    问题：

    1. 这些问题的原因是什么？其他企业应该从中得到哪些启示呢？

    2. 面对中美史克公司出现的市场不利因素，请为之确定市场调查目标。

☞ **实训题**

    （1）全班同学分成5~8人组成多个项目小组，每个小组自选一个调查课题，制订市场调查计划。

    （2）各小组制定详细的调查提纲。

第三单元

设计调查表

知识目标

（1）掌握各类调查表的设计流程。

（2）理解各类调查表设计中所涉及的技巧。

（3）了解各类调查表设计每一步必须遵从的原则。

能力目标

（1）能拟定市场调查座谈会提纲。

（2）能设计市场调查深度访谈提纲。

（3）能设计方便调查对象回答的问题。

（4）能设计市场调查观察表。

 引例

美国普查局的问卷普查

美国普查局每10年都进行一次问卷普查，确定美国的人口规模及其人口统计特征。1999年，他们发现过去使用的问卷较长而且不好理解，邮件问卷的回答率不断下降。因此，2000年普查重新设计了问卷。

由于采用了新的便于填写的问卷，2000年普查邮寄问卷的回答率比1990年提高了10%。人们普遍认为，2000年普查问卷较10年前的问卷有了很大改进。

引言

　　想要收集有效的信息，调查人员须制作良好的信息搜集工具。美国普查局为了了解人口状况，首先要搞清楚原有的普查问卷存在什么问题，并予以解决，才能设计出市民愿意回答的、良好的问卷，从而获得有效信息。

　　美国普查局对1990年的问卷措辞进行审查，确定哪些问题需要修改，并请一家设计公司对问卷的形式和外观加以改进，还设计了问卷的视觉形象，包括标志和口号。最后，美国普查局对修改后的问卷进行了仔细的测试，其中最广泛的测试是对1990年全国普查的内容进行了测试。最后，普查局设计出了2000年的普查问卷，重新设计后的问卷长度明显缩短，但获得的有效信息却明显增加了。

任务一　设计焦点小组座谈会提纲

▶学习任务

　　广州市公交公司决定全面调查广大市民对交通出行的评价及其影响因素，以提高市民对交通出行的满意度。特委托广州城市职业学院市场研究中心进行市民对公交的满意度调查。该研究中心在接到这一项目后，立即成立了由市场调研经验丰富的五人项目小组。项目组认为，首先要找出市民对公交车的评价点及其影响因素，这需要通过小组座谈会搜集资料。

🏛 相关资料1

焦点小组座谈会

　　焦点小组座谈会是由一个训练有素的主持人引导一组被访者围绕某个主题进行的一种开放和深入的讨论，它绝不是仅仅简单地提出问题和回答问题。

　　焦点小组座谈会法可以帮助调研者深入了解被访者的内心想法，常应用于某个缺乏充分信息的课题初期研究设计阶段，主要目的是为了对研究问题有初步的认识，同时深入了解研究问题的影响因素及影响方式，为后续的定量研究作铺垫；这种方法有时也直接用于不需要进一步定量指标的研究课题，还用于定量调查后的补充调查，主要是对得到的某些调查结果进行补充了解或深入理解。

🏛 相关资料2

拟定调查提纲的步骤

拟定调查提纲通常包括以下步骤:

(1) 根据调研项目的目标,确定焦点小组座谈会的目标。

(2) 根据座谈会目标选择被访者,制定甄别问卷甄选被访者。

(3) 根据座谈会目标列出所有需要了解的问题的清单或表格。

(4) 审阅问题的一般陈述及其具体组成部分,以免出现重复或逻辑错误。

⚡ 工作步骤

● 第一步: 确定小组座谈会的目的

在拟定广州公交满意度调查提纲过程中,首先要考虑调查项目的目的。在调查计划设计阶段,调研组确定本次调研的目的是为了了解广州市民对公交车的满意度现状,并找到影响满意度的因素,提出提升满意度的建议。因此,调查人员以表格形式列出小组座谈会的目的:

(1) 了解广州市民的出行习惯。

(2) 了解广州市民对各种常用交通工具的评价情况。

(3) 了解广州市民对公交车的评价。

(4) 确定广州市民对公交车评价的影响因素。

(1)~(3)点可通过二手资料或访谈较容易获取信息。(4)是重点,它需要研究者在访谈过程中进行深度挖掘,而挖掘的深度和广度将直接影响后续的定量调查问卷设计的质量。

● 第二步: 制定甄别问卷

确定小组座谈会目的后,还需要明确参加本次焦点小组座谈会的调查对象的条件,并通过甄别问卷来筛选座谈会的参加者。

甄别条件:(1) 在广州市居住满2年以上。(2) 年龄23岁以上,50岁以下。(3) 较常坐公交车。(4) 以受访者按是否拥有私家车分两组召开座谈会。

根据甄别条件分别制定每一组座谈会的甄别问卷,甄别问卷除了获取以上相关信息外,通常还需要了解被访者的姓名、联络方式、家庭住址、职业(具体)、文化程度、收入等。

● 第三步：制定座谈会提纲

广州公交满意度调查焦点小组座谈会提纲

1. **气氛导入**

建议时间：10 分钟。

目的：欢迎和致谢，培育感情。

（1）主持人介绍。

开场白：感谢各位专程赶来参加我们的座谈会……也许大家注意到了在这个会议室里还有我们的记录仪器，这是因为我们不想遗漏任何一条有价值的信息，这些记录只是作为我们的研究资料来使用……今天我们一起来讨论有关交通出行的问题。

（2）相互认识。

今天来到这里的都是来自不同外企/私营、民营企业的管理者和技术人员，我们是不是先互相认识一下……

2. **平时出行情况了解**

建议时间：45 分钟。

（1）平时出行的目的，出行交通工具选择，交通工具选择的影响因素。

（2）周末出行的目的，出行交通工具选择，交通工具选择的影响因素。

3. **公交车的满意现状及其影响因素**

建议时间：45 分钟。

（1）对广州公交、地铁、出租车的评价。

（2）对私家车出行的评价。

（3）对广州公交服务的评价。

先来谈谈目前广州公交系统的状况，您怎么评价广州地铁？怎么评价广州的士？描述一下在广州开私家车的感受。

您会用哪些形容词来形容你所搭的公交车？比如，您向其他人描述您搭公交车出行的情境时，您会怎么描述？您会首先描述什么？其次描述什么？然后呢？如果每个人只能描述 3 个指标，您会从中选择哪几个指标来描述您上下班所搭乘的公交车？您觉得公交车应该做到哪些方面你会比较满意？您觉得目前广州公交车存在哪些方面的问题？

4. **改进建议**

建议时间：15 分钟。

大家对目前公交车有哪些建议？希望公交公司做些什么？希望政府做些什

么？希望市民做些什么？

5. 结束部分

建议时间：5 分钟。

非常高兴与大家共同度过了一个愉快的时间，如果请大家用一个词来总结我们今天这个座谈会的话，您会怎么说？……

再一次谢谢大家来参加我们的座谈会！

📖 相关资料 3

小组座谈会提纲结构及内容

小组座谈会提纲是焦点座谈会过程中主持人使用的访谈提纲，它是根据座谈会研究目的，对整个座谈会期间的访谈时间、访谈内容进行的初步的规划，它起到提示主持人掌握访谈节奏、始终围绕访谈主题展开讨论的作用。但对访谈的语言和问题并没有严格的规定，主持人可根据访谈过程的氛围、被访者的反应等随机应变地引导访谈逐渐深入进行。

小组座谈会提纲通常包括：

（1）前期准备（建议 5 分钟）：欢迎与致谢、培育小组感情、录音录像、自助点心和饮料、将讨论的问题、有无问题或顾虑。

（2）介绍或热身（建议 5 分钟）：名字、与目的相关的内容。

（3）逐渐引入座谈会的主题，并列出调查人员需要了解的问题。（建议 90 分钟）

（4）结束语（建议 15 分钟）：发挥参会者的想象力，说出他们需要做什么、你能想到的任何事情、向参会者致谢并结束谈话。

任务二　拟定深度访谈提纲

▶ 学习任务

在广州市公交满意度调查项目中，项目小组也可以通过深度访谈的方式去探究市民出行习惯及其对公交出行的满意度影响因素。

🏛 **相关资料1**

深度访谈

深度访谈是一种无结构的、直接的、个人的访问，事先不需要拟定问卷或访问的标准程序。在访问过程中，一个充分掌握提问技巧的访问员深入地与一个被调查者访谈，以揭示对某一问题的潜在动机、信念、态度和情感。

深度访谈主要用于获取对问题的理解和深层了解的探索性研究，通常它在下面这些特殊情况下更有效：

（1）详细地发掘甚至询问受访者的想法。

（2）讨论一些保密的、敏感的或让人为难的话题，如个人的财政状况、两性关系等。

（3）对于存在严密的社会准则，或被调查者容易随着群体的反应而摇摆的情况下，如对环保的态度等。

（4）详细地了解复杂行为。

（5）由于它在时间、地点选择上操作更灵活，因此有时也会基于此原因被选择。

⚡ **工作步骤**

● **第一步：确定访谈目的**

广州公交满意度调查的深度访谈目的与上面的焦点小组座谈会相同。

● **第二步：设计甄别问卷**

甄别条件：（1）在广州市居住满2年以上。（2）年龄23岁以上，50岁以下。（3）较常坐公交车。（4）按职业分类：将学生、固定工作者、自由职业者分开；同时对固定工作者和自由职业者又按是否拥有私家车分成两类，即共分为五类，每一类选取1~2位被访者进行深度访谈。

根据以上甄别条件制定甄别问卷，甄别问卷除了获取以上相关信息外，通常还需要了解被访者的姓名、联络方式、家庭住址、职业（具体）、文化程度、收入等。深度访谈的被访者最好是比较健谈的。

● **第三步：设计访谈大纲**

广州公交满意度调查的深度访谈提纲

1. 介绍及热身

建议时间：10分钟。

开场白：我是市场研究中心的研究人员，感谢您能接受我们的访问，本中心是一家专业的调查研究机构，我们接受委托进行一项广州市民对公交车的评价的研究，想了解一下您的看法，大约需要占用您一小时的时间，向您请教几个相关的问题，希望得到您的帮助！

热身问题：您家的装修很漂亮、您的孩子好可爱等（就一些无关紧要的问题提问来缓解被访者紧张情绪）。

2. 了解广州市民的出行经历

建议时间：45 分钟。

（1）平时出行的目的，出行交通工具选择，交通工具选择的影响因素。

（2）周末出行的目的，出行交通工具选择，交通工具选择的影响因素。

3. 了解广州市民对各交通工具的评价及原因

建议时间：30 分钟。

（1）对广州公交、地铁、出租车的评价。

（2）对私家车出行的评价。

（3）对广州公交服务的评价。

4. 了解广州市民对公交车的建议

建议时间：15 分钟。

您对目前广州公交系统有什么建议？对广州公交车有些什么建议？

5. 结束语

建议时间：5 分钟。

访问到此结束，谢谢您的合作！

相关资料 2

深度访谈提纲设计

根据市场调查的目标来设计深度访谈提纲，问题设计不宜太多（以 8～10 个问题为宜），要按被访者思考问题的逻辑顺序提问。深度访谈提纲设计的形式有以下三种：

1. **主题式**

列明本次研究的核心要点，只需要提出 5～6 个关键的问题，但这些问题属于起始性问题，用于最初的访谈引导，而实际的深层问题由访问者在访问过程中现场把握。要求访问员的经验和技能都很高。

2. 问卷式

按照事件的逻辑列出非常具体的对话问题、提问方式。确保访问者关注的问题不会被遗漏，同时提供了较为一致可比的研究方式及其相应的探讨结果。

3. 剧本法

数量比较多的访问员同时在很多区域做深度访问，而同时访问员的经验又有限时，需要把提纲做得很细，这种形式的提纲就属于剧本法。剧本式的问题不仅仅意味着有更多具体展开的问题，同时在提纲的关键处明确提出了追问、出示道具、不同答案情况的应对规则等。

任务三 设计结构化调查问卷

◤ 学习任务

通过前期的定性调查，对广州居民的交通出行情况，居民对公交、地铁、出租、私家车的评价，尤其是对广州公交方方面面的评价及影响因素有了基本的了解。但是，广州居民总体交通出行情况是怎样的？广州居民总体对广州交通出行状况的评价是怎样的？影响广州公交满意度的各影响因素中对于广州居民总体来说，哪些是主要影响因素，哪些是次要因素呢？回答这些问题只能通过定量调查。做定量调查，需要设计一份结构化的调查问卷。

◢ 工作步骤

🏛 相关资料1

问卷设计流程

问卷又叫调查表和询问表，是调查者根据调查目的和要求设计的、由一系列结构化的"问题"和"备选答案"组成的、向调查对象获取所需信息的工具。

问卷设计的过程可分为事前准备、实际设计和事后检查三个阶段（见图3-1）。

● 第一步：事前准备

1. 确定所需信息的收集及分析方法

在调查方案设计阶段，调研人员必须对所需信息及分析方法有清晰的认识。见表3-1。

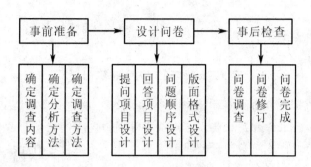

图 3-1 问卷设计的程序

表 3-1

待解决问题	将要收集的数据	分析方法
广州市民出行习惯	出行最常用的交通工具	频数分析
	出行的目的	频数分析
	市民选择交通工具的影响因素	频数分析
	出行费用等	均值、离散趋势
广州市民对各公交工具的满意度	对地铁的评价	均值、频数
	对出租车的评价	均值、频数
	对飞机的评价	均值、频数
	对火车的评价	均值、频数
	对私家车的评价	均值、频数
广州市民对公交车的满意度及其影响因素	公交车的总体满意情况	均值、频数
	各方面的满意情况（从定性研究中得到）	均值、频数、回归、相关等推论数据分析

在问卷设计之前，调查人员必须先将待解决的问题与将要收集的数据进行一一对比，以防止数据收集不全面或者收集的信息与调查目的无关，最后确定所收集数据的统计方法。

2. 确定调查方法

明确采用电话访问进行定量调查。

🏛 **相关资料 2**

事前准备工作与问卷设计

问卷设计的事前准备工作包括确定调查内容、确定调查方法和确定分析方法，这三个方面的工作都是需要在市场调查计划拟定阶段完成的工作。之所以强调这三个方面的工作是问卷设计的事前准备工作，是因为它们直接影响问卷设计的内容、形式和注意事项。

1. 调查内容与问卷设计

问卷的内容完全围绕调查内容展开。

2. 调查方法与问卷设计

根据不同的实际情况，研究人员也会采用不同的访谈方法执行问卷。不同的访谈方法，也会影响研究人员对问卷的设计。

在人员访谈中，调查对象能够看到问卷，并且与访谈人员面对面互动，因此可以提出冗长、复杂和各式各样的问题；而在拦截访谈时，由于被访者逗留时间短，则不宜设计冗长的问题。电话访谈时，调查对象与访谈人员互动，但是他们无法看到问卷，这将问题的类型限制在短而简单的问题上。在设计人员访谈和电话访谈问卷时，应该以一种对话的风格设计。

邮寄问卷和留置问卷是自填式的，故所有问题必须简单，必须提供详细的指示。

3. 分析方法与问卷设计

这个问题较为复杂，在后续内容中有涉及的部分再解释。

🏛 **相关资料 3**

问卷的分类

1. 根据问卷传递的方式不同分类

根据问卷传递的方式不同分为访问问卷、置留问卷、报刊问卷、邮寄问卷、网上问卷。

访问问卷是调查者在进行面谈或电话访问时，按事先设计好的调查表，由被调查者的口头回答来填写的问卷。这是较为普通的一种问卷形式。

置留问卷是调查者将调查表发送给选定的被调查者，约定一定期限后，再登门取回填写好的问卷，或等待被调查者填答完毕后再统一收回。这是定点调查常用的一种问卷形式。

　　报刊问卷是将调查问卷刊登在报刊上，读者见到后，自行对问卷做出书面回答，并按规定时间邮寄回报刊编辑部或调查组织者。其特点是调查范围广，费用和时间比较节省，但调查对象无法进行选择，问卷回收率低。

　　邮寄问卷是调查者将问卷通过邮局寄给选定的调查对象，并要求他们按规定的时间和要求填写问卷，然后寄回调查机构。邮寄问卷的特点是可以涉及一些比较深入的调研项目。由于被调查者不受调查人员的影响，有充裕的时间思考和填写，对于一些敏感或隐私问题的调查可能获得与事实更为接近的调查结果。但邮寄式同样存在着问卷回收率低的问题。

　　网上问卷是将事先设计好的调查问卷在互联网上发布，通过互联网来进行调查的一种问卷类型。这种问卷调查成本低、传播迅速，但调查对象具有一定的局限性。

　　2.　根据问卷填答者不同和调查方法不同分类

　　根据问卷填答者不同和调查方法不同可分为自填式问卷、代填式问卷。

　　自填式问卷是指调查者将事先设计好的问卷发给被调查者，由调查者根据实际情况自己填写。置留问卷、报刊问卷、邮寄问卷、网上问卷都属于自填式问卷。

　　代填式问卷是指调查者将事先设计好的问卷向被调查者提问，然后根据被调查者的回答填写的问卷。访问问卷就是代填式问卷。

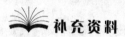　补充资料

调查对象与问卷设计

　　调查对象的特征对问卷设计有显著的影响，例如，对大学生适合的问题不一定适合家庭主妇，对问题的理解也会与调查对象的社会经济特征相关。因此，调查对象之间的差异越大，设计一份对全体都适合的问卷就会越难。

　　●第二步：设计问卷

　　🏛　相关资料4

问卷的结构

　　调查问卷的结构一般包括卷首部分、甄别问题、正文和结束语等部分。

1. 卷首部分

卷首通常包括标题、卷首语、被访者及访问员基本资料（姓名及联系方式、访问时间）、填写说明（自填式问卷）。其中卷首语的设计比较重要，它是要向被调查者阐释本次调查活动的目的、意义和个人信息保守秘密的誓约，以引起被调查者的重视和兴趣，获得他们的支持与合作。

2. 甄别问题

主要是对受访者进行一次筛选。

3. 正文

该部分是问卷的主体部分，由体现调查内容的问题和答案组成。

4. 被访者背景资料

主要是了解被调查者的相关资料，以便对被调查者进行分类。一般包括被调查者的性别、年龄、职业、受教育程度、人口统计资料，有时根据调查目的也包括被访者的媒介接触习惯、生活方式等。这些内容可以帮助了解不同年龄阶段、不同性别、不同文化程度、不同生活方式或价值观的个体对待被调查内容的态度差异。

5. 结束语

在调查问卷最后，简短地向被调查者强调本次调查活动的重要性，以及再次表达谢意。

1. 设计问卷卷首语

调查人员将公交满意度调查项目的问卷前言设计为：早安/午安/晚安，我是市场调查研究中心的访问员。此次调查是要了解广州市民对广州公交服务的看法，为有关部门和企业提升公交服务水平提供决策信息。您提供的信息非常重要，因为它代表着广州市民的心声。我们承诺您提供的相关信息仅作为调查研究之用，绝不会外泄。谢谢您的合作！

⛪ 相关资料5

问卷卷首语的内容

问卷卷首语通常包含以下内容：

(1) 表明进行该项研究的人或组织的身份。

(2) 说明该项研究的重要性。

(3) 说明受访者回答问卷是重要的。

（4）使受访者确信不存在对或错的回答，确信他不会被公示，确信他的回答将被科学处理。

卷首语设计的目的是让被访者获得以下信息：

（1）参与此次调查是有意义的。

（2）调查者是值得信任的。

（3）接受了调查不存在任何风险。

2. 设计甄别问题

广州市民公交车的满意度调查项目的甄别问卷如下：

（1）请问您本人/家人/亲朋好友中，有没有在以下所列举的地方工作呢？（复选）

	S1（复选）	
市场调查/咨询公司	1	
电台/电视台/报社/杂志社等媒介	2	终止访问
地铁/公交/航空公司/铁路等交通运输公司	3	
以上皆无	99	继续访问

（2）请问在过去 3 个月内，您有没有参加像我这样类似的访问呢？（单选）

有	01	终止访问
没有	02	

（3）请问您的实际年龄是多少？（单选）

12 岁以下	1	终止访问
12～18 岁	2	
19～22 岁	3	
23～30 岁	4	
31～40 岁	5	
41～50 岁	6	
51～65 岁	7	
65 岁以上	8	终止访问

相关资料6

甄别问题设计

甄别问卷是为了保证调查的被访者确实是调查产品的目标消费者来设计的一组问题。它一般包括四个方面：

（1）对个体自然状态的排除。甄别被访者的自然状态是否符合产品的目标市场。自然状态变量包括年龄、性别、文化程度、收入等。

（2）对产品适用性的排除。

（3）对产品使用频率的排除。

（4）对产品评价有特殊影响状态的排除。

3. 设计问卷正文及结构

问卷正文见附录。

第一，确定问卷应该包括的问题。

设计问题第一步就是根据确认所需信息的表来逐一列出问题。针对我们列出的问题内容，我们需要思考：

• 思考1：这个问题是否有必要。

每个问题都必须对调查目的及调查所需信息有所贡献，或者能起到某些特定的作用。如果从某一个问题获得的数据没有令人满意的用处，那么这个问题就应该删除。

在某些特殊情况下，调查人员可以提出与所需信息不相关的问题。有时在问卷开始时一些中立的问题有助于建立参与和交流的氛围；有时为了掩饰赞助者的情况，问题不仅仅局限于感兴趣的品牌，而且还会包括一些有关竞争对手问题。例如，在市民对公交车的满意度调查项目中，也可以包括市民对地铁、出租车等竞争对手的满意情况调查。这些问题的存在是为了获得被调查者对问卷的支持。

• 思考2：需要用几个问题问。

一旦确定了某个问题是必要的，就必须证实它足以得到想要的信息。有时需要几个问题才能得到所要的全部信息。

在市民对公交车的满意度调查中，我们需要知道公交车的舒适性和安全性是否存在问题，比如，问题是："您认为广州公交车的舒适性和安全性方面是否存在问题？"回答"不是"是清楚的，但如果回答"是"，则存在歧义，究竟是舒适性有问题还是安全性存在问题呢？这时我们就可以把这样的"双重问题"拆成两个独立的问题：

"请问您怎么评价广州公交车的舒适性？"

"请问您怎么评价广州公交车的安全性？"

第二，评估所列问题。

相关资料7

评估所列问题应注意的事项

评估问卷所列问题主要是要避免调查对象无法回答的问题和不愿回答的情况，并降低问卷的误差率。因此，要设计受访者能够回答并愿意回答的问题，同时注意措辞。

（1）设计受访者能够回答的问题。

调查人员在设计问卷问题的时候，应该试图避免出现调查对象无法回答的问题。比如调查对象可能会不具备某些方面的知识，或者调查对象已经不记得当时的情况，也或者有些情况是调查者无法较清晰地向调查者描述清楚他们的想法。这些因素会限制调查对象提供准确的信息。

• 思考1：调查对象是否具备相关信息？

调查者要做关于广州市公交系统的满意度调查，如果被调查者对广州市公交并不了解，就无法给出准确的信息。因此，在这种情况下，调查人员都会设置"过滤性问题"来过滤掉不具有相关信息的调查对象。如通过提问"请问您上周是否乘坐过广州公交车"来过滤一些对广州公交车不了解的调查对象。

• 思考2：调查对象是否记得当时的情况？

比如，让调查对象尝试回答以下的一些问题：

"上周二中午您坐什么车去上班？"

"您所能接受的最长候车时间是多少分钟？"

通常会觉得这些问题回答起来很困难，因为它们超出了调查对象的记忆能力。有数据证明，消费者尤其不善于记忆数量。因此，在设计这类问题可以这样问：

请问您上周是否乘坐过广州公交车？

是	1
否	2

从到达车站时算起，请问您所能接受的最长候车时间是多少分钟？（单选）

内　　容	选　项
10 分钟以内	1
10～20 分钟	2
20～30 分钟	3
30 分钟以上	4
其他（请注明）	98
不知道/无	99

🏛 相关资料 8

设计受访者能够回答的问题的技巧

1. 帮助调查对象回忆

有时也可以选择帮助调查对象回忆的方式，让调查对象提供一些辅助记忆的工具。比如，在提问购买产品品牌的时候可以列出产品品牌，然后问调查对象所购买的产品属于哪个品牌，就可以刺激调查对象的记忆。然而，调查人员需要提防由于利用几个连续刺激问题会使被调查者的回答具有倾向性。

2. 帮助调查对象表达

在市场调查过程中，有时候会出现消费者无法清晰表达出来的信息。例如，被调查者被要求描述出他们比较喜欢的系统操作页面，大多数调查者可能无法找到合适的语句。当调查人员无法清晰地说出问题的答案时，他们就可能会忽视那个问题，甚至拒绝回答相关的问题。因此，调查人员在设计问卷时要为调查对象提供必要的帮助，比如附上图片、地图等，帮助调查对象清晰描述出他们的答案。

（2）设计受访者愿意回答的问题。

• 关注 1：减少调查对象回答问题所需努力。

假设你需要了解调查对象对广州公交车辆设备哪些方面不满意，以下有两种设计问题的方式：

方式一：请列出您认为广州公交车辆设备所存在的问题有哪些。

方式二：您认为广州公交车的车辆设备方面存在以下哪些问题？

内　　容	选　项
车门开关不灵活	1
车内扶手不稳	2
车内广播声音嘈杂	3
车内报站系统声音很小	4
车内没有垃圾桶	5
车内移动电视方面问题	6
车内空调方面问题	7
座椅不够舒适	8
车厢容量太小	9
羊城通打卡系统问题	10
其他（请注明）	98
不知道/无	99

很显然，调查对象更愿意回答第二种方式的问题，因为它要求调查对象做较少的努力。

● 关注2：降低调查对象的防卫性。

在市民对公交车的满意度调查项目中，会将一些敏感性问题放在问卷主体的后面部分，并且要这样设计：

请问您的家庭月收入大约是多少？这里所指的月收入包括工资、分红、奖金等。（单选）

内　　容	选　项
2 000 元以下	1
2 001 ~ 6 000 元	2
6 001 ~ 10 000 元	3
10 001 ~ 14 000 元	4
14 000 元以上	5
拒绝回答/不清楚	99

🏛 **相关资料 9**

增加调查对象的自愿性的技巧

（1）将调查对象所付出的努力减到最小。

（2）降低调查对象的防卫性。

首先，可将敏感的话题放在最后，因为此时调查对象已经逐渐克服最初的不信任感，产生一种友好的态度，更愿意提供这些信息。其次，将敏感问题或者可能不愿意回答的问题隐藏在一组调查对象愿意回答的其他问题中，这样更容易获得所需信息。最后，提供答案的是类目而不是特定数字。

第三，选择问题的结构和形式。

🏛 **相关资料 10**

问题的形式

问题的结构和形式取决于想获得怎样的信息以及如何处理和分析这些数据。

1．开放式问题

开放式问题比较适合了解调查对象的态度和观点。因为开放式问题对答案的倾向性影响较小，调查对象可以自由表达任何观点，他们的评论和解释可以提供给研究人员丰富的认识。

开放式问题的主要缺点有两个：第一，准确性受访谈人员的影响很大。因为开放式问题的答案记录基本都取决于访谈人员的技巧。第二，答案的编码和统计过程耗时耗力。

2．封闭式问题

封闭式问题是指定了一组答案选项和答案格式的问题，可以是两项选择题，单、多项选择题或者量表。封闭式问题是我们对消费者的答案已经比较清楚的情况下采用，并且通过数据统计分析来验证假设的提问方式。

（1）开放式问题在问卷中的使用。

在市民对公交车的满意度调查项目中，我们想了解市民来广州的年限的具体数值，因此采用了开放式问题。

请问您来广州的年限是＿＿＿＿＿年（精确到整数位）。

（2）两项选择题在问卷中的使用。

当需要了解市民是否知道公交车内的灭火器的位置时，我们就可以这样采用两项选择题的方式。

请问您是否知道车辆内灭火器的具体位置？

是	1
否	2

相关资料11

两项选择题的使用

两项选择题是由被调查者在两个固定答案中选择其中一个，适用于"是"与"否"等互相排斥的二择一式问题。

两项选择题容易提问，也容易回答，便于统计调查结果。但被调查人在回答时不能讲原因，也不能表达出意见的深度和广度，因此一般用于询问一些比较简单的问题。

同时，两项选择必须是客观存在的，不能是设计者凭空臆造的，需要注意其答案确实属于非 A 即 B 型，否则在分析研究时会导致主观偏差。

（3）单选题在问卷中的使用。

①选择单选题结构。

要了解是否存在司机经常在乘客没完全下车就开车的情况，可以选择单选题的方式问：

您乘车时是否遇到过人还没完全上（下）车，司机就开车了呢？

4 次或以上	1
1～3 次	2
没有	3
没留意	4

②设计单选题答案。

需要特别强调的是，开放式问题不存在答案设计，因为它是由被调查者自由回答的。因而，答案设计针对的是封闭式的问题，即需要从众多被选项中选择一项或多项。

情况1：如果调查市民周末出行最常用的交通工具是什么，调查人员设计的答案如下：

设计1：请问您周末出行时，最常使用的交通工具是什么？（单选）

内　　容	选　　项
公交车	1
出租车	2
地铁	3
私家车	5
单位班车	6
火车	8
飞机	9
长途巴士	10

显然，这个答案设计就没有穷尽，因为它漏掉了"自行车"和"摩托车"两个交通工具。对于某些无法穷尽的情况，可以在答案中加上"其他"一项。

设计2：请问您周末出行时，最常使用的交通工具是什么？（单选）

内　　容	选　　项
公交车	1
出租车	2
地铁	3
自行车	4
私家车	5
单位班车	6
摩托车	7
火车	8
飞机	9
长途巴士	10
其他（请注明）	98
不知道/无	99

因此，调查人员在设计调查问题的答案时，一定要全面、穷尽。

情况2：**如果需要知道市民选择交通工具的影响因素时，调查人员这样设计**答案：

设计1：请问您选择交通工具时最关注的是什么？

准时	1
价格	2
服务	3
离家近	4
便利性	5

其中，"准时"和"离家近"等项与"便利性"存在相互包含的现象。这是问卷设计者不了解备选项之间的细微差别。因此，可修改如下：

设计2：请问您选择交通工具时最关注的是什么？

准时	1
价格	2
服务	3
离家近	4
其他	5

情况3：如果需要知道市民至今未买私家车的主要原因是什么时，可以这样设计答案：

设计1：您至今未买私家车的主要原因是什么？

买不起	1
没有用	2
不懂	3
功能少	4

这样的答案会激发受访者的抵触情绪，影响调查数据的真实性。因此，可做以下修改：

设计2：您至今未购买私家车的主要原因是什么？

价格高	1
用途较少	2
性能不了解	3
其他	4

情况 4：调查司机开车是否经常会在乘客没完全上（下）车就已经开车时，可以这样设计答案：

设计 1：您乘车时是否遇到过人还没完全上（下）车，司机就开车了呢？

经常	1
偶尔	2
没有	3
没留意	4

显然，这几个答案很含糊，不同的市民会对于"经常"、"偶尔"这一类词会有不同的理解，容易导致调查数据出现偏差。因此，可做如下修改：

设计 2：您乘车时是否遇到过人还没完全上（下）车，司机就开车了呢？

4 次或以上	1
1~3 次	2
没有	3
没留意	4

相关资料 12

问题答案的设计注意事项

（1）满足穷尽性。问题答案的设计应该避免答案不全的现象。即就是说，设定的答案种类应包括所有可能的情况。

（2）满足互斥性，答案设计还应该避免答案相互包含的现象。

（3）避免出现调查对象不愿选择的答案。

（4）避免含糊不清。

（5）应该避免出现不同调查对象会有不同理解的答案选项。

（4）多选题在本次问卷中的使用。

当需要了解广州公交车人员服务方面主要存在哪些问题时，无法从单选题中得到足够的信息，可以采用多项选择题的形式提问。另外，调查人员可以从前面的定性研究中获得更全的选项，通过频数分析验证。

您认为广州公交人员服务方面主要的问题有哪些？还有吗？（复选，不多于3项）

内　　容	选　项
人员不统一着装	1
人员着装不整洁、不规范	2
司机开车不稳当，车内摇晃厉害	3
司机开车时不专注，与人聊天、打电话	4
工作人员服务不热心、态度差	5
工作人员不熟悉路线和业务	6
司机报站不及时、不准确	7
司机操作不规范（不到站停车、行车时不关门等）	8
车辆停靠时没有留足够时间给乘客上下车	9
开关门前、拐弯时没有语音提示	10
其他（请注明）	98
不知道/无	99

多选题答案设计技巧与单选题答案设计技巧雷同，在此不再赘述。

（5）量表。

要了解哪些因素对市民对公交车舒适度评价的影响力更大的时候，项目组用量表的方式来收集数据：

您怎样评价广州公交舒适度在以下各方面的表现呢？（10分制评价，1分表示很不满意，10分表示很满意）

内　　容	评　　分										
总体评价	1	2	3	4	5	6	7	8	9	10	99
座位舒适	1	2	3	4	5	6	7	8	9	10	99
空间（拥挤程度）	1	2	3	4	5	6	7	8	9	10	99

续上表

内　　容	评　　分										
室温	1	2	3	4	5	6	7	8	9	10	99
室内空气质量	1	2	3	4	5	6	7	8	9	10	99
卫生情况（包括车厢外观、车内整洁等方面）	1	2	3	4	5	6	7	8	9	10	99

🏛 相关资料 13

量表的使用

量表是指用预先设计好的语言、记号、数目和计分，进行态度测量的一种表格式的心理测量工具。当涉及被调查者的态度、意见等有关心理活动方面的问题时，通常用表示程度的量表来加以判断和测定。因为了解被调查者的某种态度一般需要分等级来衡量，而不能简单地用能与不能、是与不是来鉴定。因此，可以将选项试改为：可以、基本可以、基本不可以、不可以、不了解。

但这类问题的选项，对于不同的被调查者有可能对其程度理解不一致，因此有时可以采用评分的方式来衡量或在题目中进行一定的说明。以下介绍不同类型量表的使用：

1. 情绪量表

情绪量表也称类别量表，是指调查对象对某个产品的态度和倾向性情绪，用一种可以区分的语言和表格表示出来，使调查对象的态度更加明确的调查测定方法。情绪量表只能对调查对象的态度进行定性调查和分类，不能进行统计和运算。可以用不同等级的语言来表达情绪，三个等级、五个等级或七个等级都可以。

如：您认为哪句话更能够表达您对某品牌的态度？请在答案下面打"√"表示回答。

1	2	3	4	5
很喜欢	喜欢	无所谓	不喜欢	很不喜欢

2. 评分量表

评分量表是把评分态度和分数结合起来，用分数表达调查对象对于某个具体商品或事物态度的测量方法。评分量表不能进行运算，但是可以统计。如：如果把您最喜欢的产品定为 5 分，给您最不喜欢的商品打 1 分，那么您会对××产品打多少分？请在答案下面打"√"表示回答。

1分	2分	3分	4分	5分
很喜欢	喜欢	无所谓	不喜欢	很不喜欢

3. 顺序量表

用数字表示调查对象对各种事物的态度在顺序上的关系的调查表格叫做顺序量表。它实际上是把顺序题进行量化，或者表格化的一种提问方法。如：在您的生活中，您认为最重要的或最担心的给 5 分，次重要或次担心的给 4 分，再次重要或再次担心给 3 分，不太重要或不担心给 2 分，最不重要或最不担心的给 1 分。请选择以下列出的答案，至少要选择 3 个答案。

A	收入高且有保障	F	家庭和睦儿孙孝顺
B	有病能够保证医治	G	知足常乐心情愉快
C	保障孩子有钱读书	H	社会安定生活好
D	干自己想干的事情	I	环境清洁空气清新
E	实现人生最大理想		

4. 语意差别测量

语意差别测量是一次性集中测量被测者所理解的某个单词或概念含义的测量手段。针对这样的词或概念设计出一系列双向形容词量表，请被测者根据对词或概念的感受、理解，在量表上选定相应的位置。下面是语意差别量表的式样。

一种赋值的方法是按同一方向将各对形容词都列出来，通常是按从低到高或从否定到肯定的方向排列。形容词的位置是固定不变的，如果否定性形容词在左边，则肯定性形容词在右边，从左到右的计分顺序是 0，−1，−2，−3，−4，−5，−6（或任意 7 个连续的数字），尽管它最后的总分可能是负数。−3，−2，−1，0，+1，+2，+3 的排列顺序也可以使用。如：以鲜花店为目标让被调查者来评价 A、B 两店的情况，语意差别量表如下：

	7	6	5	4	3	2	1	
价格昂贵								价格便宜
鲜花品种多								鲜花品种少
售后服务好								售后服务差
交通方便								交通不便
店面布置新颖								店面布置陈旧

5. 利克特量表

利克特（Likert）量表是现代调查研究中被普遍采用的一种测量量表，它的基本形式是给出一组陈述，这些陈述都与某人对某个单独事物的态度有关（例如，对某个教学软件、教学效果所持的态度）。要求调查对象表明他是"强烈赞同"、"赞同"、"反对"、"强烈反对"或"未决定"。当然，根据需要，有时词语可以略有不同（如把"赞同"改为"同意"）。

利克特量表有积极性陈述和消极式陈述两种类型的陈述方式，如果答案选择是：完全同意；同意；不一定；不同意；完全不同意。积极性陈述选择"完全同意"的赋值为5，"同意"的为4，等等。消极式陈述评分则相反，即对"完全不同意"的给5。使用利克特量表，在做答后，把分数相加就可得出总分。因此，利克特量表有时也称求和量表。

如，要了解舞厅出入者和上夜校的人对工作、生活、学习等的态度，就可以设计以下的肯定或否定的语句量表。

调查项目	完全同意	同意	无所谓	不同意	完全不同意
我能胜任现在的工作	5	4	3	2	1
我不在意工作中的表现	1	2	3	4	5
学习知识对于找工作没有多大用处	1	2	3	4	5
拿文凭可以改变工作环境	5	4	3	2	1
看书实际上完全是为了消遣	1	2	3	4	5
下班以后应该好好轻松	1	2	3	4	5
我对自己未来目标有明确的考虑	5	4	3	2	1
……					

第四，修饰问题措辞。

为了降低问卷的误差率，调查人员就要修饰问题措辞。

情况 1：对于了解市民对广州公交车站点服务的评价，如果这样提问：

设计 1：请问您给广州公交车所提供的站点服务打多少分？

问题是每个消费者对于公交车的站点服务内容理解存在差异，就会导致收集的数据有误差。因此，可以修改如下：

设计 2：总体来说，请问您怎么评价广州公交的站点服务（包括站点信息查询、候车舒适度、人员服务态度等方面）？1 分最不满意，10 分最满意。

一个问题应该清楚地定义才不容易让调查对象误解。

情况 2：项目小组要了解市民出行常到的区域，如果这样提问：

设计 1：周末最常出行到达的地方位于广州市的哪个区？

这样的表达，不是市民沟通的常用语。在问卷设计中，要尽量使用通俗易懂的词汇，并且应该以调查对象的常用语言习惯为主。因此，调查人员在问卷设计之前才需要对调查对象进行分析。可以改为：

设计 2：请问您近 3 个月，周末最常出行到达的地方是广州市的哪个区。

情况 3：调查人员需要调查市民得出行所需费用，如果这样提问：

设计 1：通常情况下，您平均每月出行的费用是多少元？

问卷中不能使用对调查对象来说有双重含义的词。许多看上去明确的词对不同的人有着不同的含义。这样的词汇包括"通常情况下"、"正常情况下"、"经常"、"频繁"、"偶尔"等。可以修改如下：

设计 2：请问您近 3 个月以来，平均每月出行的费用是多少元？

情况 4：关于了解市民对购买进口轿车的看法，如果这样提问：

设计 1：如果购买进口轿车会使中国的工人失业，您认为爱国者应该买进口轿车吗？

以上的问题，有明显的引导和倾向性，诱导性和倾向性问题是指会影响调查对象的选择答案的问题，这类问题会影响信息的真实准确性。可以修改如下：

设计 2：您对国人买进口轿车怎么看？

情况 5：如果调查项目要了解家庭中的每月、每人在公交车消费额，这样问调查对象：

设计 1：您家中每月每人在搭乘公交车的费用支出是多少？

这样的问题需要进行推理和估计，并不明确。因此，可以这样修改：

设计 2：您家中每月在搭乘公交车的费用支出是多少？家里有几口人？

🏛 **相关资料 14**

如何修饰问题的措辞

修饰问题的措辞就是要将问卷中的问题翻译成调查对象可以清楚且轻松理解的用语。

(1) 定义所讨论的问题。

(2) 使用通俗易懂的语言。

(3) 使用明确的词汇。

(4) 避免诱导性或倾向性的问题。

(5) 避免推论与估计。

第五，对设计好的问题排序。

如果问题的顺序不合理，那么被调查者会毫无兴趣，且容易放弃作答。

🏛 **相关资料 15**

问题排序的原则

(1) 按照问题的难易程度，先易后难。在开始先以最简单的问题吸引被调查者，使其产生兴趣和信任感，同时放下戒备心和敌意，在问卷后面部分才设计复杂的、敏感性的问题。

(2) 先总体性问题，后特定性问题。因为如果特定性问题在前，则会影响到后面总体性问题的回答。

(3) 先封闭式，后开放式。开放式问题需要被调查者手写，既费时又费力，若安排在最前面，那么被调查者容易放弃。

4. 设计问卷结束语

结束语一般在调查问卷最后，简短地向被调查者强调本次调查活动的重要性以及再次表达谢意。如：为了保证调查结果的准确性，请您如实回答所有问题。您的回答对于我们得出正确的结论很重要，希望能得到您的配合和支持，谢谢!

● **第三步：设计问卷的形式和版面**

问卷的格式、间隔和位置会对调查结果产生影响。2000 年美国普查问卷在问卷页面和版面设计上进行了改良，从而使被调查者更加愿意回答问卷。对于自填式问卷，更需要清晰的表格和易填的版面设计才会获得更加准确、真实的信息。

将问卷分为几个部分是一个好习惯，与基本信息相关的问题需要分几个部分。每一部分问题应该有编号，尤其是使用分叉问题的时候。

问卷的编号会使答案的编码更加容易，最好还可以对问卷进行预编码。问卷本身就有序列号，这样方便在现场对问卷的控制、编码、分析。

● 第四步：预调查

设计好问卷后，为了识别和消除问卷中存在的问题，通常调查人员会对小样本的调查对象进行测试。预调查的对象应该与实际调查者在背景特征、对话题的熟悉程度以及相关态度的行为等方面类似。换句话说，预调查的对象和实际调查的对象应该从同一人群中选出。

预调查常采用人员访谈的方式，因为访谈人员能够观察到调查对象的反应和态度，并且能及时与调查对象沟通。在做了必要的修改之后，如果在实际调查中还要用邮件、电话或电脑进行访问，也可以用这些方式再进行一次预调查。

对预调查所得的答案进行编码和分析，作为对问题定义的充分性和获取必要信息所需要的数据、分析的一次检查。如果一个问题的答案无法与预先计划的所需信息表格相关联，可能是所取得的数据存在问题，也可能是数据分析不到位。如果所需信息表格的某部分仍然空着，那么可能是问卷设计时漏掉了一个必要问题。对预调查数据的分析有助于确保所有收集到的数据都可以利用，并且确保问卷能够获得全部所需的数据。

相关资料16

预调查的作用

预调查是指为了识别并消除问卷中存在的问题，而对一个小样本的调查对象进行问卷的测试。即使最好的问卷也可以通过预调查来改进。预调查应该在与实际调查尽可能相似的环境和背景中执行。预调查可以使用各种各样的访问人员。项目主管、设计问卷的研究人员以及研究团队中的其他关键人员都应该执行一些预调查访谈，这样会使他们对潜在的问题和预期数据的性质有一个很好的把握。

任务四 设计观察表

■ 学习任务

假设某品牌牙膏的制造商要求利用观察法了解目前的市场竞争的状况，请设计一张适合牙膏市场销售观察的观察表。

■ 工作步骤

● 第一步：确定调查内容

观察表设计与调查问卷设计一样，首先需要根据调查的目的确定调查内容。要了解市场竞争的情况，我们可以从了解有关市场份额、竞争对手的价格以及最佳销售地点等情况着手。

● 第二步：设计观察表

确定调查内容之后，调查人员就设计观察表。观察表的设计形式类同于调查问卷的设计，关键是我们设计的观察点要易于被观察。如表3－1所示。

表3－1 牙膏销售情况调查表

被观察单位：　　　　　　　　　　　观察时间：　年　月　日　时至　时

观察地点：　　　　　　　　　　　　观察员：

价格 \ 销量 \ 品牌	佳洁士	高露洁	黑人	黑妹	洁银	纳爱斯	草珊瑚	……	其他
每支5元以下									
每支5~10元									
每支11~15元									
每支15元以上									

■ 相关资料

神秘顾客法

观察法是指研究者根据一定的研究目的、研究提纲或观察表，用自己的感官和辅助工具去直接观察被研究对象，从而获得资料的一种方法。

神秘顾客（mystery shopper）法是观察法中较为常见的一种，是指安排隐藏身份的研究员购买特定物品或消费特定的服务，并完整记录整个购物流程，以此测试产品、服务态度等。多用于对服务质量要求较高的分支行业，例如旅游酒店、餐饮业以及零售服务行业等，而那些化身为消费者的研究人员就是"神秘顾客"（mystery shopper）。神秘顾客调查表见本书附录3。

⊕ 单元小结

● 小组座谈会是由一个训练有素的主持人以一种无结构的自然的形式与一个小组的被调查者的交谈。

● 拟定调查提纲通常包括以下几步：（1）考查调研项目的目标。（2）弄清楚此次调研的目的，并用一张表格列出相应的所需要获得的信息，确定定性研究的目标和内容。（3）仔细地研究问题的一般陈述及其具体的组成部分，以免出现重复或者逻辑上的错误。

● 小组座谈会提纲通常包括：（1）前期准备。（2）介绍或热身。（3）逐渐引入座谈会的主题，并列出调查人员需要了解的问题。（4）结束。

● 深度访谈是一种无结构的、直接的、个人的访问，即在访问过程中，一个掌握高级技巧的访问员深入与一个被调查者访谈，以揭示对某一问题的潜在动机、信念、态度和情感。

● 问卷（questionnaire）是调查者根据调查目的和要求，以一定的理论假设为基础提出来的，向调查对象获取所需信息的工具。

● 问卷设计流程一般包括以下六个步骤。（1）确定访谈方法。（2）根据调查目的，确认此次调查所要获得的信息。（3）设计问卷，根据问卷的结构将问卷设计分成以下的四个步骤：第一步，确定问卷开头语，即前言。第二，设计甄别问题。第三，设计问卷正文及结构。第四，撰写结束语。（4）确定问卷的版面。（5）进行预调查。（6）确定最终调查问卷。

● 根据调查者的调查方法及其对问卷的控制程度分，可将调查问卷分为非结构性问卷和结构性问卷。如果按照问卷发放方式的不同，可将调查问卷分为邮寄问卷、报刊问卷、访问问卷、置留问卷和网上问卷五种。其中前三类通常可以划归自填式问卷范畴，后三类则属于访问式问卷。

● 调查问卷的结构一般包括卷首部分、甄别问题、正文和结束语等部分。

● 甄别问卷是为了保证调查的被访者确实是调查产品的目标消费者来设计的一组问题。它一般包括对个体自然状态变量的排除、对产品适用性的排除、对产品使用频率的排除、对产品评价有特殊影响状态的排除四个方面。

● 预调查是指为了识别并消除问卷中存在的问题，而对一个小样本的调查对象进行问卷的测试。

● 观察法是指研究者根据一定的研究目的、研究提纲或观察表，用自己的感官和辅助工具去直接观察被研究对象，从而获得资料的一种方法。

⊕ 重要概念

小组座谈会　深度访谈　问卷　观察法　预调查　非结构性问卷　结构性问卷　邮寄问卷　报刊问卷　访问问卷　置留问卷　网上问卷

⊕ 基本训练

☞ 知识题

1. 选择题（不定项）

（1）市场调查问卷是为搜集数据而设计好的一系列问题，问卷的设计使搜集数据的程序标准化和（　　　）。

A. 定量化　　　　B. 信息化　　　　C. 扩大化　　　　D. 统一化

（2）市场调查问卷是设计好的一系列问题，这些问题应该有（　　　）。

A. 必要性　　　　B. 可行性　　　　C. 艺术性　　　　D. 统一性

（3）市场调查实践中，一般在调查问题不多并且不太复杂，但需要深入了解时宜采用（　　　）。

A. 面谈调查法　　B. 邮寄调查法　　C. 留置调查法　　D. 电话调查法

（4）只能看到表面现象，不能了解市场内在因素、消费者心理变化及市场变化的原因和动机，这是下列（　　　）方法的缺陷。

A. 邮寄调查法　　B. 留置调查法　　C. 观察调查法　　D. 实验调查法

（5）专家小组为技术含量高的新产品做上市前的预测，常用的做法是（　　　）。

A. 经验判断　　　B. 态度量表　　　C. 案头调查　　　D. 电话调查

2. 简答题

（1）请简述问卷设计的流程。

（2）请简述拟定调查提纲的步骤。

（3）请简述问卷的结构。

⊕ 观念应用

☞ **案例分析题**

大学生手机市场调查问卷

1. 性别：A. 男　　　　B. 女

2. 您所在年级：A. 大一　　B. 大二　　C. 大三　　D. 大四

3. 您的每月生活费为多少？

A. 300 元以下　　　B. 300~500 元　　　C. 500~800 元　　　D. 800 元以上

4. 您现在拥有手机吗？

A. 有　　　　　B. 没有

5. 提到手机您脑子里出现的第一个品牌是：

A. 诺基亚　　B. 摩托罗拉　　　C. 三星　　　D. 索尼　　　E. 西门子

F. 波导　　　G. 飞利浦　　　H. 海尔　　　I. 康佳　　　J. LG

K. 联想　　　L. NEC　　　　M. 首信　　　N. TCL　　　O. 其他

6. 您最喜欢的手机品牌是：

A. 海尔　　　B. 康佳　　　C. 诺基亚　　D. 摩托罗拉　　E. 三星

F. 索尼　　　G. 西门子　　　H. 波导　　　I. 飞利浦　　　J. 其他

7. 您最不喜欢的手机品牌是：

A. 诺基亚　　B. 摩托罗拉　　　C. 三星　　　D. 索尼　　　E. 西门子

F. 波导　　　G. 飞利浦　　　H. 海尔　　　I. 康佳　　　J. LG

K. 联想　　　L. NEC　　　　M. 首信　　　N. TCL　　　O. 其他

8. 您今年准备购买的手机品牌是：

A. 海尔　　　B. 康佳　　　C. 诺基亚　　D. 摩托罗拉　　E. 三星

F. 索尼　　　G. 西门子　　　H. 波导　　　I. 飞利浦　　　J. 其他

9. 您正在使用的手机款式：

A. 直板　　　B. 折叠　　　C. 旋转

10. 您最喜欢的手机功能是：

A. 带 MP3 功能　　B. 带数码相机功能　　　C. 16 和弦　　　D. 32 和弦

E. 40 和弦　　　　　F. 其他

11. 您下次准备购买的手机款式是：

A. 直板　　　B. 折叠　　　C. 旋转

12. 您最喜欢的手机款式是：

A. 直板　　　B. 折叠　　　C. 旋转

13. 您一般多久更换一次手机？

A. 一个月　　B. 半年　　　C. 一年　　D. 用坏才换　　E. 从来不换

F. 新款上市即换

14. 您对手机的要求比较注重什么？

A. 质量　　　B. 价格　　　C. 服务　　　D. 功能　　　E. 外观款式

F. 配置　　　G. 健康　　　H. 扩展性　　　I. 品牌　　　J. 重量

K. 颜色　　　L. 待机时间　　M. "三防"　　N. 其他

15. 您对手机的了解渠道是什么？

A. 电视　　　B. 报纸　　　C. 网络　　　D. 同学朋友之间的互相交流

E. 宣传单　　F. 宣传活动　　G. 卖场广告　　H. 其他

16. 您认为合适的手机价位是多少？

A. 1 000 元以下　　　B. 1 500 元以下　　　C. 2 000 元以下

D. 2 500 元以下　　　E. 3 000 元以下　　　F. 3 000 元以上

17. 您更换过几次手机？

A. 一次　　　B. 两次　　　C. 三次　　　D. 三次以上

18. 您更换手机的原因主要是什么？

A. 外观好，款式新　　　　　B. 用起来更方便

C. 消费能力高　　　　　　　D. 身份地位的象征

E. 别人有了，我也要有　　　F. 尝尝鲜

19. 您一般到什么地方购买手机？

A. 专卖店　　B. 大卖场　　　C. 移动、联通公司

D. 超市或百货店　　E. 网络

20. 您对海尔手机的服务质量是否满意？

A. 很满意　　　　B. 比较满意　　　　C. 一般

D. 不太满意　　　E. 很不满意

21. 您对海尔手机以下哪些服务不满意？

A. 咨询服务　　B. 销售服务　　　C. 维修服务

D. 投诉服务　　E. 其他

22. 您知道海尔手机吗？（若"知道"，继续选答以下问题，若"不知道"，停止选答）

A. 知道　　　　　　　　B. 不知道

23. 您对海尔手机了解多少？

A. 非常了解　　B. 一般　　　C. 了解一点　　D. 不了解

24. 您希望有专门"为大学生度身定做"的手机吗？

A. 希望　　　B. 不希望　　　C. 无所谓

25. 您希望手机厂商提供什么样的服务？

A. 校内维修　　B. 学生专卖店　　C. 手机专卖店

26. 您是否希望买手机时有商家提供"零首付"或分期付款？

A. 是　　　　B. 否　　　　　C. 无所谓

27. 请问您多久对你的手机进行维修保养？

A. 1 个月　　B. 半年　　　　C. 1 年或以上　　D. 从不

28. 您认为手机应该分为男性手机和女性手机吗？

A. 是　　　　B. 否　　　　　C. 无所谓

29. 您认为设计情侣手机有必要吗？

A. 有　　　　B. 没有　　　　C. 无所谓

30. 您认为手机外壳哪种最好看？

A. 金属　　　B. 皮革　　　　C. 塑料　　D. 其他

31. 您是否考虑用小灵通？

A. 是　　　　B. 否　　　　　C. 一直在用

32. 您对三星手机的意见或建议：(这项最好能再加上自己的观点)

A. 价格要便宜　　　　　B. 外形要改进

C. 售后服务改进　　　　D. 质量要提高

其他_____

问题：

仔细阅读以上问卷，请指出该问卷存在哪些问题？

☞ **实训题**

1. 每个小组设计一份详细深度访谈提纲或焦点座谈会提纲。

2. 每个小组根据深度访谈的结果，制定一份市场调查问卷。

3. 每个小组根据自己所选的调查课题，制定观察表。

第 四 单元

采集调查数据

知识目标

（1）了解市场调查的三种主要方法。

（2）掌握各种调查方法的实施过程、实施中的注意事项及方法的优缺点。

（3）掌握各种市场调查方法的适用场合。

能力目标

（1）能够根据具体的调研目的采用合适的调查方法。

（2）能够灵活使用焦点小组座谈会、深度访谈等定性调查的方法。

（3）能够使用问卷调查、电话访问、观察法搜集调查资料。

 引例

广东移动客户满意度调查

广东移动的营业收入在全国省级移动公司中名列前茅，但是广东移动客户的满意度却远远低于全国平均水平。为提高广东移动的客户满意度，广东移动找到专业市场调查公司，希望找到客户不满意的原因和提高客户满意度的方法。

某调查公司在接到广东移动的委托后，成立广东移动满意度提升市场调查项目小组。他们将调查对象按品牌进行了细分，分为动感地带、全球通和神州行客户。调查公司找到广东移动公司内部的二手数据，发现全球通客户的满意度最高，神州行客户的满意度次之，最不满意的是动感地带客户。公司决定收集来自消费者的一手调查数据。调查分为三个步骤进行：

第一步是召开焦点小组座谈会。公司计划通过 10086 平台发短信给客户，分别邀请三大品牌的客户各 80 名，每个品牌召开 10 场，在座谈会上主持人让每位客户叙述不满意的经历和特别满意的经历，然后进行总结提炼。

第二步是深度访谈。公司找到了中国移动服务管理公司总经理、市场宣传部主管、10086 客户服务中心热线管理总经理以及部分移动老用户等了解情况，结果发现广东移动客户不满意的原因主要是现有设备和人力无法满足持续高速增长的客户需求。

第三步是根据座谈会和深度访谈的结果，设计定量调查问卷。问卷通过网络调查和电话访问两种形式进行。公司奖励每位完成网络调查问卷和成功接受电话访问的客户 30 元话费，众多客户踊跃接受调查。

根据定性调查和定量调查的结果，总结了客户不满意的真实原因，以及不同原因对客户不满意的影响程度，广东移动制定了提高客户满意度的具体对策。经过改革，广东移动客户满意度明显改善。

引言

市场调查的目的是为企业解决管理和营销上的问题。市场调查资料的搜集可以分为二手资料和一手资料，一手资料可以分为定性资料和定量资料。二手资料有企业内部的二手资料和外部的二手资料，企业内部的二手资料是企业生产经营活动过程中留下的原始记录，有些资料需要再加工才能使用，而有些不需要再加工就能直接使用。定性资料的搜集方法主要有焦点小组座谈会、个人深度访谈和观察法，定量资料的搜集方法主要有街头拦截访问、电话访问和网络问卷调查等。

任务一　搜集二手资料

学习任务

李先生大学毕业后刚刚进入一家投资公司工作，很想在公司表现一下自己的能力。公司现在收到一家汽车零部件企业的融资申请，因此公司需先了解一下目前汽车行业的基本情况，将这个任务交给了李先生所在的部门，部门经理给李先生的任务是系统搜集关于中国汽车行业的二手资料。

🏛 相关资料1

二手资料调查

(1) 二手资料调查也叫文案调查。二手资料是指不是为了目前正在研究的问题而收集的，而是为了其他目的已经收集的资料和信息，包括企业内部资料、政府发布的正式数据、杂志、报纸、书籍和商业资料等。

(2) 研究人员通常首先借助二手资料来更加深刻地认识和理解调查所要解决的问题，然后更好地制定研究的方案。如果二手数据能满足调查的需要，就能省去收集一手资料的费用，从而降低成本，提高效率。

⚡工作步骤

●第一步：搜集公司内部二手资料

李先生找到了公司负责档案工作的王小姐，得到公司3年前曾经做过的一份中国汽车市场调查报告。但资料存在以下问题：首先就是数据质量的问题。与3年前相比中国汽车市场发生了质的变化，中国在2009年底已经成为全球第一的汽车产销大国，自主品牌的表现越来越好，而当时自主品牌还是汽车市场中的涓涓细流。其次是统计的方法不同。这份报告所指的"汽车"只是指轿车，包括家用轿车和商用轿车两类。现在，由于需要融资的企业同时生产轿车和货车都能用的零配件，所以应该搜集轿车和货车两个市场的数据。尽管这样，李先生还是对找到这份资料感到非常高兴，因为这份资料提供了行业研究的框架，让他明白了这次搜集汽车市场的二手资料需要从国家政策、风险事项、行业规模、行业集中度、行业效益、盈利能力、营运能力、偿债能力、发展能力、成本结构、主要企业情况等方面来搜集资料。

🏛 相关资料2

企业内部资料的搜集

企业内部资料主要是指反映企业经济活动的多种记录，包括会计记录、统计记录、销售数据统计、客户来电统计、企业的计划和总结、企业的营销策略和市场预测、决策资料、企业的经济活动分析材料等。具体包括如下内容：

(1) 市场部门的资料。包括与企业市场活动有关的资料，如客户订货单、销售记录、客户来电记录、经销商的数量、广告投放记录、销售量和销售收入、合同文本等，通过对市场资料的分析，可以掌握本企业市场活动的相关情况和用户的需求变化情况等。

（2）财务部门的资料。包括企业财务部门提供的各种财务、会计核算和分析资料，上市公司的财务报表等，包括成本、价格、经营利润等，这些资料可用来考核企业经济效益，确定企业发展前景。

（3）生产部门的资料。包括多类统计报表、企业生产、原材料、库存、入库单和出货单等各种数据资料，这是研究企业生产活动数量特征及规律的重要依据，也是进行市场调查、预测和决策的基础。

（4）后勤部门的资料。企业积累的其他资料。包括各种调查报告、总结、顾客意见与建议、简报、录像等，这些资料可作为市场调查研究的参考。

●第二步：搜集企业外部二手资料

李先生在二手资料的基础上，从四个途径去查找更多的资料：

1. 查阅学术文献

从中国知网查找了相关的学术文献。登录了中国知网（www.cnki.net）后，输入关键词"汽车行业"，发现有上百条的搜索结果，从中选取了50多篇比较有价值的资料下载保存。

2. 下载行业内上市公司财务报表

从上海和深圳证券交易所下载上市汽车公司的各年度的财务报表，这些资料一应俱全。

3. 查阅汽车研究机构、市场研究公司等商业性来源的资料

在百度搜索网站输入关键词"汽车行业报告"，出来数百条搜索结果，找到了一些专业市场调查公司提供的汽车行业报告，这些最新的资料需要花钱去购买。

4. 政府公开的相关数据

从国家统计局的网址，查找我国汽车产销的权威数据，但从国家统计局的网站上却很少能找到有价值的资料。

从这四个途径搜索后，得到了大量的资料，通过对这些资料进行了分类和整理，并撰写一份总结报告，提交给部门经理，经理看后非常满意。

相关资料 3

外部二手资料的搜集

外部二手资料是指外部机构提供的资料，可以来源于政府统计数据、公司的统计数据，也可以来自行业协会，甚至是合法的个人资料。外部资料主要包括以下内容：

（1）统计部门及各级政府主管部门公布的有关资料。这些资料既包括统计公报、统计年鉴等公布的信息资料，也包括计委、财政、工商、税务、银行和正规待业协会等公布的市场信息。

（2）各种市场调查机构提供的市场信息。这些信息资料齐全、信息灵敏度高、针对性强。例如央视索福瑞公司每个月会对广州、北京、上海等各大城市主要频道节目的收视率进行排名。

（3）各种媒体提供的资料。包括报纸、杂志、电台、电视台、网络等发布的市场信息。这些信息速度快、成本低、信息量大、内容广泛。

（4）图书馆存档的报纸、杂志等资料。

（5）各类专业组织的调查报告、统计数据、分析报告等。

（6）有关生产、经营机构提供的商品目录、广告说明书及商品价目表等。

相关资料 4

二手资料特点、作用及搜集的注意事项

1. 二手资料的特点

（1）二手资料是长期累积形成的，数量巨大，用途多样，内容丰富，来源广泛。

（2）二手资料具有搜集时间短、搜集成本低、搜集过程迅速容易等方面的优势。

2. 二手资料的作用

（1）帮助研究人员更好地确认和界定研究问题。研究人员在接触一个研究项目时，不可能对每个项目都很了解，首先从二手资料开始了解一个行业和研究问题的背景，这样才能更好地确认和界定研究问题。通过二手资料的搜集可以初步了解调查对象的性质、范围、内容和重点等，例如要研究消费者喝凉茶的行为，首先要研究凉茶的历史、种类、功能，这样才能有目的地去调查消费者这一行

为。此外，二手资料还可作为评价原始资料的标准。例如可用人口普查或人口抽样调查资料的人口构成数据来判断市场调查样本结构的合理性。

（2）补充一手资料的不足。通常会需要行业和国家统计部门发布的数据作为调研项目的背景资料。有时也会通过对企业内部资料的收集和整理，了解企业的基本情况及面对的营销或内部管理问题。

（3）可用于经常性市场调查。二手资料搜集和实地调查相比较省时、省力，组织工作也较容易，特别是在建立了企业内部和外部资料二手调查体系的情况下，具有较强的机动性和灵活性，随时能根据企业经营管理的需要搜集、整理和分析各种市场信息，为决策者和管理者提供有关市场的调查报告。

3. 二手资料调查的注意事项

二手资料给我们调查研究工作提供了很多的便利。在使用二手资料过程中应该注意以下几点：

（1）二手资料的时效性。一般应该选择最新的资料，对于明显失去时效性的数据可以参考其数据统计的方法，但是具体数据不应该采用。

（2）统计方法和口径是否适合。例如同样调查"青年消费者的特征"，需要注意对青年的定义是否相同。例如：国家统计局把15～34岁界定为青年人口（人口普查），共青团把14～28岁界定为青年人口（《团章》），而中华全国青年联合会界定18～40岁为青年人口（《青联章程》），这种统计口径和概念界定的不一致给二手资料的使用带来很大干扰，因此应该慎重选择和使用二手资料。二手资料在很多情况下需要进行加工才能使用。

（3）来源要可靠。一般能承认的是正规的国家和地方统计局及其网站、行业协会、权威的市场调查公司、大型公司、银行等具有公信力的机构发布的数据，对于百度（百度百科、百度贴吧等）、论坛等非正式的数据均不承认。

（4）注意版权问题。使用公共的数据没有版权争议问题，但是要说明资料的来源，否则会被认为是抄袭；而有些公司或者机构的内部资料，没有向外界公布，如果没有得到有效授权就不能使用。

任务二　组织焦点小组座谈会

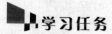**学习任务**

广州某大学市场研究中心受某公司委托进行广州居民公交满意度调查。中心

成立了5人调查项目小组。项目组开会讨论后一致认为，首先要找出市民对公交车的评价维度及具体因素，这需要通过小组座谈会法搜集资料。

⚡工作步骤

●第一步：会前准备

1. 制订座谈会计划书

研究人员知道座谈会计划书一般包括下面内容：项目名称，小组座谈的目的，小组座谈的内容，调查对象的选择，参加者的年龄、性别、条件及其他注意事项，调查人员包括主持人和督导的选择和安排，时间进度安排，调查地点的选择和安排，经费预算等。

2. 拟定小组座谈会提纲（见第三单元）

3. 聘请座谈会主持人

工作人员从人才库中寻找适合座谈会的主持人，最终聘请了经验丰富的廖先生来主持座谈会。

4. 内部培训

内部培训以讨论的形式进行，由项目负责人主持介绍有关项目情况；参与项目的访问督导及质控督导等人在会上充分了解整个项目操作要求、研究目的、时间跨度等各方面的要求。检查项目的可行性，及被访者的甄别条件：包括年龄、性别、行业规定、项目要求、准备访问有关物品等。

5. 材料准备

在座谈会中客户如果会有样品出示，相关样品必须做好监管工作；还应该准备给参加者的礼品、礼金等物料。这次调查需要准备的材料有：关于公交车、出租车、地铁等图片，要求有高峰期和非高峰期的照片，要求拍到乘客典型的姿势、感受的照片等。

🏛 相关资料1

座谈会主持人的素质要求

焦点小组座谈会的主持人都是经过严格训练的专业人士，焦点小组座谈会主持人必须具备以下的素质，见表4-1。

表 4 - 1

素质要求	说　　明
极强的亲和力	主持人首先必须形象良好，举止大方得体，具有极强的亲和力。在座谈会中，一群相互之间完全陌生的人集中到一起，而且要畅所欲言，难度较大，这要求主持人要快速建立成员之间的信任感，特别是要建立主持人与参会人员之间的信任感。这就要求主持人一定是一位有热情的人，是一位让大家一见就感到信赖和亲切的人，是一位有着高度亲和力的人
极强的会议控制能力	1.　逻辑思维能力强。能够快速理解和控制与会人员的谈话脉络，保证会议正常地按照既定主题发展 　　2.　用适当的方式挖掘每个参与者的观点。比如，在小组成员中，有人说个不停，有的人可能很少说话，主持人要用适当的方式压制说个不停而且不断重复自己发言的人，同时鼓励不说话的人表达自己的观点 　　3.　干预参与者的行为。在小组讨论中，成员有时候会随便插话或交头接耳。因此，主持人还需要用适当的方式干预参与者的行为
引导成员快速进入状态	座谈会要减少表演成分，让每个与会者都能真实地表达自己的意思。特别是遇到一些可能触及个人价值观或判断能力的话题，小组成员往往有顾虑，或者看别人的眼色随波逐流，随声附和。最好的办法莫过于让大家进入一种忘我的境界，全心全意地投入到讨论当中，这时候的人更多的是一个感性的人，而不是一个说话要斟酌再三的"理性"的人。对于主持人来说，就是要很快带着大家进入这种状态，这个过程应该在 15 分钟以内
掌握时间进度	一个 90 ~ 120 分钟的会议，多长时间应该进行什么内容，要心中有数，并控制好访谈节奏 　　做到这一点，一是靠会前的提纲准备，将会议的主题划分为几个相关的步骤，按部就班地完成，有一条时间线；二是要靠主持人的时间控制能力，将每个小组成员的发言控制在合理的水平，让他们既表达充分，又不啰嗦，需要经验的积累
沟通能力	1.　语速适中，不快不慢 　　2.　主持人善于表达，但不要滔滔不绝。主持人的作用是引导，而不是演讲 　　3.　主持人的提问技巧很重要。合格的主持人应该掌握基本的提问技巧，懂得借助专业知识和恰当的问题挖掘出问题的本质和核心 　　4.　主持人要认真倾听发言者的真实意思表达，包括表面意思和隐性意思 　　5.　能够识别小组成员的非语言行为，更好地理解每个成员的真实意见和态度

● 第二步：中期操作

1. 制定配额表

本次调查覆盖广州市 10 个区和增城、从化 2 个市，每个区域召集 4 位被访者，总共是 48 人，分为四个小组召开座谈会。

2. 预约参加者

预约被访者是在电话访问中心进行的，通过拨打一些广州的手机号码预约被访者。约人条件由项目的负责督导根据座谈会计划书中所确定的时间、要求制定。一般在同一组会中，每个联络员或访问员可约请 1～2 名彼此不认识的被访者，原则上一名联络员或访问员在一个项目里约人不超过 4 人。

3. 记录座谈会预约名单

预约名单记下被访者的姓名、性别、年龄、出生年月、文化程度、联系电话、家庭地址、单位名称、职务、身份证号码、特殊条件、到会复核、联络员（个人、家庭月收入、婚否可选）等，但是实际操作中只需要选择几个条件符合即可。

4. 准备录音录像设备和选择记录员

记录员一般是经过专业训练的速录员，速录员会通过录像录音设备快速把会议内容整理为文字版。

5. 到位复核

开会前 2 天内可开始做第二次的电话复核，也称到位复核。这是一个非常重要的步骤，一般由督导主动打电话给被访者，询问其是否收到请柬或者短信，对请柬或短信上的地址、时间是否清楚，路线是否清楚，并提醒其带好身份证，并进一步确定其到位情况，做到心中有数，目的是为了保证到会率。如所约被访者不能全部到位，必须当夜再补足人数，使会议正常召开，在保证会议正常进行的前提下，尽量不选用后补人员。

● 第三步：召开座谈会

（1）开会前要购买一些食品，在开会时给被访者食用，以调节气氛。一般买一些较高档的干鲜果品，且口味较淡，咀嚼时不会发出响声，在口中的停留时间不长；若正碰上吃饭时间，也可准备一些糕点饼干。

（2）检查座谈会会议室、监听室和接待室的情况。

（3）客户接待。有时委托客户会到场观看，就需要接待客户。接待时做到礼貌、周到、热忱。会议期间随时与客户保持联系，处理突发问题。

（4）会前筛选。

①被访者到会后，通过身份证在核对其姓名无误后，带到会前登记室让其填

写座谈会会议登记表。同时告诉他们会议将要持续的时间，再次询问在此段时间内是否有空。

②质量控制部门（QC：quality control）通过协会网站提供的身份核查系统，核查被访者身份是否真实，并且是否在近半年内未参加过业内座谈会或面访等类似的访问，将结果反馈访问督导，并将其资料输入协会被访者资料库。

③在大多数被访者填写完会前登记表后，督导应根据身份核查结果、登记表内容、配额以及被访者的应变能力，正式选择最符合条件的 8 位被访者参加正式的座谈会。

（5）开始会议。

●第四步：会后事务

（1）支付酬金。会议结束前由负责/协助督导及时将酬金送至主持人手中，由主持人在会议结束前发给每位被访者，并在劳务费发放单上签名。

（2）结束后将被访者送至门口，礼貌地说声"再见"，以保持公司形象。

（3）遣散/支付遣散费。对于身份核查无误，但被筛选下的多余被访者集中开会，随便和他们聊聊座谈会内容，根据会议大纲询问一些问题，大约进行15～30 分钟后发给小会酬金。

（4）会议结束后，应及时清理会场，关闭有关设备，整理好录音、录像带；会议结束后的 3 天内完成记录（逐字逐句）；有关资料及时交于客户（笔录、录音带、录像带）并存档。

（5）撰写座谈会小结报告。大型的市场研究项目需要做个全面的小结报告，小型的市场研究项目也要做个简单的小结，附录中是座谈会小结报告的模板。

相关资料 2

焦点小组座谈会的优缺点

1. 座谈会的优点

（1）在自由、相互激励的环境下，消费者能畅所欲言，相互激发思想的火花。

（2）可获得更有深度、广度的信息。

（3）对于深层的消费动机和心理的理解有较好的效果。

2. 座谈会的局限性

（1）样本量小、非随机抽样，所以无法推断总体。

（2）后期对访谈资料的分析较困难，因为无结构的访谈较散乱。

（3）有些涉及隐私、保密的问题，不适合采用此种方法调查。

（4）参加人的相互影响对于调查的效果有时也不是正面的影响。

（5）对主持人的主持能力依赖性很高。

任务三　组织深度访谈

▶ 学习任务

广州公交满意度调查项目小组在召开完焦点小组座谈会以后，接着也展开了一些对广州市民的深度访谈。

⚡ 工作步骤

● 第一步：访谈准备

1. 熟悉项目资料

一般应该熟悉的内容包括研究项目的背景资料，调查的产品、品牌知识和被访者的基本情况。在本项目中，需要了解本研究的目的是提高市民的交通出行的满意度，调查公交公司提供的所有服务，还应该熟悉由座谈会得出的可能影响市民满意度的所有因素，包括车内的座椅、扶手、广播、移动电视、报站系统、空气、卫生、打卡系统等，也包括车站的密集性、转车的方便性、等候时间、车门开关是否灵活等。现在需要调查引起可能不满意的其他因素，将通过深度访谈的方式进行。

2. 设计访谈大纲

本部分已经在前面的单元学习过了，限于篇幅不再赘述。

3. 收集受访者资料

本次深度访谈的对象有两类，第一类是交通问题专家，包括广州市交通局交通规划处的工作人员、公交公司和地铁公司的管理人员和普通工作人员；第二类是公交的乘客。交通问题的专家需要预约才能访谈，将直接通过公司与这些专家访谈。乘客数量多，也容易寻找，直接在公交车站牌等候询问即可。

4. 约定访问时间

对交通问题专家和乘客都需要预约时间进行访问。一般不宜在上午上班时间进行访问，在下午3点到5点之间进行访问成功的概率比较大。因为上午一般有工作要做，而下午3点后一天的工作已经完成大部分。

● **第二步：进行深度访谈**

进行深度访谈的时候，应该注意：

（1）做好准备工作，访问的前一天电话与被访者再次确认时间和地点，如果被访者不能来应该立即找替补。带上给被访者的礼品（礼金）、录音笔等相关材料。

（2）准时到达预约的访问地点，可以是在被访者的办公室内、家里或者附近环境安静的餐厅和咖啡厅等地点。

（3）如果被访者没来应该耐心等待，时间太长就应该与被访者取得联系以确定是否还来。

（4）一定要熟悉访谈的目的，把被访者离题的话吸引到访问的主题上。

（5）随身笔记。访问者应同时记下所得重要的背景信息和肢体语言信息。

（6）录音与摄影。录音或摄影应充分告知受访者，尊重其隐私权，并注意杂音干扰。进入被访者办公室之前就应该打开录音设备，离开时应该及时保存和关闭设备。

● **第三步：整理访谈内容**

各组根据访问心得进行主题式讨论归纳。将笔记与录音整理成规范的文字版。

🏛 **相关资料 2**

访谈的作用及优缺点

1. **深度访谈的目的和作用**

深度访谈的目的是使得研究者有机会认识、了解当事人的经验、观察和体会，另外也有机会听到当事人对自己经验的解释（如求职就业及其经验和解释），了解当事人的世界观，对周遭的人、事、物的看法以及与周遭人、事、物的关系。

深度访谈的适用范围：用于获取对问题的理解和深层了解的探索性研究，适用于个案分析，尤其是对一些政策部门相关人员访谈、竞争对手研究、专业人士访谈等。如详细地了解被访者的想法，探讨一些保密性、敏感性或者可能会引起尴尬的话题，等等。

2. **深度访谈的优缺点**

（1）深度访谈的优点。

①话题可以深度探讨，访谈的内容相对较多，能够探索被访者的内心思想及

看法。

②能避免公开讨论敏感性的话题或可能引起尴尬的情况。

③一对一深度访问，可以与被访者直接联系，避免小组座谈会中难以确定哪个反映是来自哪个被访者。

④可以消除群体压力，因而可以更自由地交换信息，被访者提供的信息更真实。

⑤个人会谈更容易激发出偶然的思路，这常能对主要问题提供重要的思路。

⑥一对一的交流使得被访者感到自己是注意的焦点，认为自己的感受和想法是重要的。

（2）深度访谈的局限性。

①对高素质、高层次的人群较难成功预约。

②不能确定所选取的被访者是否具有典型意义。

③深度访谈通常比小组的成本高，尤其是在被访者人数多的时候。

④能够做深度访问的有技巧的访问员是很昂贵的，也难以找到。

⑤由于调查的无结构使得结构十分容易受访问员自身的影响，其结果的完整性要依赖于访问员的技巧。

⑥由于占用的时间和花费的经费较多，因而在一个调研项目中深度访问的数量是十分有限的。

任务四　进行拦截访问

学习任务

通过前期的定性调查，我们对可能影响广州市民对公交系统满意度的因素有了全面的了解。但是，这些因素对市民满意度的影响程度怎样呢？哪些是主要影响因素，哪些是次要的呢？完成这一工作任务需要定量调查，来搜集这些量化的数据。我们进行本次定量调查的方法是街头拦截访问和电话访问，本任务是进行拦截访问，下一个任务是进行电话访问。

相关资料1

拦截访问

拦截访问是目前十分流行的一种询问调研法。该方法的特点是调查者在某一特定人群相对集中的地点，如广场、购物中心、超市等公共场所现场拦截被调查者进行访谈。通常按访问模式有两种形式：

一是访问员在事先选定的若干地点，按一定程序和要求（如每隔几分钟拦截一位，或每隔几个行人拦截一位）选取访问对象，征得对方同意后，在现场按问卷进行简短的调查。

另一种是中心地调查（central location test）或厅堂测试（hall test），是在事先选定的若干场所内，租借好访问专用的房间或厅堂，根据研究要求，可能还摆放若干供被访者观看或试用的产品，按照一定程序和要求，拦截访问对象，征得其同意后，带到专用的房间和厅堂进行面访调查。此方法常用于需进行实物展示或特别要求有现场控制的探索性研究，或需进行实验的因果关系研究，如广告效果测试、新品入市研究等。

拦截访问在实施过程中要注意以下几个方面：

（1）访问地点的允许。拦截访问的地点一般选择在交通便利、人流量较大的重要交通路口，或是大商场、会展中心、娱乐中心等地方。但在地点的选择上应注意不要造成交通阻塞或给其他商家生意带来不利影响，否则会引起纠纷。

（2）调研机构对现场环境要进行有效的控制。拦截访问大都安排在人流量较大的地方，行人在接受询问回答问题时极易造成旁人的围观，使原本收集个人意见的调查，成为"大家有话好好说"。同时在公共场所进行的拦截访问，极易受到有关管理部门的干涉而终止。因此现场的督导应及时协调处理各种问题，加强对调研人员行为的监控，并及时纠正调研人员的差错。

（3）调查对象、时间、地点是否适当。拦截访问应该结合调查的目的和内容选择调查对象、时间和地点，只有这样，才能保证获取的样本具有代表性。例如调查的主题是食物或购买东西的话，就应该将地点选择在忙碌的商业区，对象应是前往商店购物的人。

（4）访问员必须有礼貌，讲明调查的目的。拦截访问的拒访率很高，行人的态度也并非很友善。因此访问员应具有良好的礼节以及耐心和自信，能及时向被访者讲明调查的目的，以使被访者对调查的问题持有兴趣。拦截访问对于访问员的总体要求是认真负责、大胆灵活、不怕困难、善于交流。

（5）访问的时间不宜太长。因为行人可能急着回家，可能双手拎满东西，没有太多的兴致接受访问，因此拦截访问时间以15分钟以内为宜。

（6）问卷的设计应简短。拦截访问由于时间的限制，设计的问题应该简洁易懂，而且问题应该适合任何被访的对象。

⚡工作步骤

●第一步：设计拦截访问问卷

本部分已经在前面单元学习了，这里不再赘述。

●第二步：准备定量调查

在已经有了拦截访问的问卷之后，开始其他的准备工作，主要有准备访问的场地、访问员的准备工作、材料的准备工作等。

1．准备访问场地

由于调查范围是广州 10 区和 2 市，采取的方法是电话访问和街头拦截访问的方式。电话访问中心拥有广州市 10 个区中 7 个区和 2 个市的被访者的电话，对这些区域的调查在本中心的电话营销中心通过电话访问方式进行。但是由于缺乏白云区和海珠区的被访者电话号码抽样框，对这两个区域的调查只能通过街头拦截访问进行访问。选择白云区三元里、白云大道、同和、嘉禾四个商业区域，海珠区选择新港西路 207 号（中电数码城）附近、海珠客运站附近、晓港附近 3 个区域。

2．访问员的准备工作

寻找合适的访问员。本次调查的访问员是挑选具有较强沟通能力、合作意识和诚信品质的大二的学生，对他们经过筛选和培训之后，让他们进行电话访问和街头拦截访问。在拦截访问的 7 个区域中，共派出 28 名访问员，每个点 4 位访问员，要求每人每天完成 5~8 份成功的问卷。

3．材料的准备工作

除了纸质的问卷外，从事市场调查经常需要相关的材料，例如相关品牌和被调查的产品的图片等。本次从事调查准备了大量广州公交车及其乘客表情的图片、地铁及其乘客表情的图片等，给街头拦截访问的被访者观看，并记录他们的感受。这次访问员记录的被访者的感受有车辆太拥挤、车厢内空气太差、报站系统不工作、非市中心区域车辆等候时间太长、某些路段太堵车、车辆停靠的站点太多等。

4．试访和试访小结

每次访问，试访是必须做的一个程序，每个访问员至少要完成 3 次试访。试访的目的是发现问卷在访问过程中存在的问题，比如问题的选项不够、问题的词语容易引起歧义、一个问题含有多重意思、引起被访者尴尬或无法回答等。对试访的及时总结将有助于我们更好、更清楚地理解项目的各项要求。

● **第三步：执行拦截访问调查**

1．项目培训

项目培训是告诉访问员和督导在实施调查时应该遵守的程序和例外事件的处理方法。如果是小型的调查项目，督导和访问员是由项目经理（项目负责人）直接进行培训，如果项目涉及的地域分布广泛，访问员人数太多，一般由项目经理培训督导，再由督导培训各自所监督和指导的访问员。由于本项目只有 28 名访问员和 7 名督导，而且都是在广州，所以是由项目经理在会议室给大家培训。

培训的主要内容是如何接近被访者、如何开始访问、如何取得被访者的配合、如何过滤无效的样本、如何填写问卷、问卷填写的注意事项、问卷审核和回收等。

2．进行访问

街头拦截访问是去事先选定的 7 个访问地点进行。在拦截访问时，要选择比较开阔的场地，不能在交通路口、商场出入门口等处，尽量避免引起拥挤和不安全事件的发生。在拦截过程中，要控制男女比例和年龄结构，不能都找年轻的，还应该找些年长者，使得老中青年龄结构的合理。访问结束后检查问卷的所有问题后，再赠送礼品给被访者，结束访问。

3．督导现场检查

督导在访问现场进行巡视检查，确保访问员的访问方式、数据记录无误。如发现访问员存在错误，督导应立即指正。最初的访问结束后，督导应检查该访问员的第一份问卷是否存在问题。如果出现问题，访问员需要马上补问被访者，进行确认。

● **第四步：拦截访问的收尾工作**

1．问卷回收及整理

拦截访问的问卷完成后，所有问卷须经复核部审核，合格问卷将转交数据部进行数据录入和处理，不合格的问卷应该马上采取补救措施，例如电话回访回忆答案等。由于这次访问有礼品赠送，因此被访者都愿意留下地址和电话，为回访和复合提供了条件。数据的整理分析将在下面的第五单元学习。

2．访问小结

访问结束后，督导将记录此次访问的成功率、成本、访问员的表现等内容。这些经验和应对问题的解决方案将应用到今后的项目中，以便以后为客户提供更好的服务。

任务五　进行电话访问

学习任务

电话访问是依据调查提纲或问卷，用电话与选定的被访者交谈以收集信息的一种询问调查方式。本次电话访问的任务是调查市民对交通出行中各种问题的看法，并搜集市民对交通出行问题的各种建议。电话访问的过程一般包括访问前准备、访问执行以及访问的收尾三个阶段。

工作步骤

●第一步：准备电话访问

（1）设计并确认问卷。问卷可以由客户设计，也可以由研究员根据研究目的设计，设计的方法前文已经讲过。在设计好问卷之后，拦截访问是将问卷打印出来，而电话访问是将问卷导入到计算机辅助电话访问系统（即 CATI 系统）中。

（2）抽取样本。根据项目的要求使用相应的电话号码抽样方法，常用的抽样方法是电话簿抽样和随机拨号法。本次调查是根据客户提供的电话号码簿打电话，我们抽样的方法是等距抽样，即拨打所有单数的号码，如果未成功访问即拨打下一个单数的号码。

（3）项目培训。客户确认问卷后，在正式的实施访问前，应先安排一个内部培训。由项目总负责人向访问督导、质控员、数据处理员及其他相关人员交待项目相关事宜，包括项目背景、客户的特别要求、数据处理等内容。

（4）访问员培训与电话号码的安排。访问员培训时，由督导对访问员作详尽的项目指导，并解决访问员的所有疑问，以确保所有访问员都能完全理解访问的要求。培训结束后，安排模拟访问，让访问员有更多的亲身感受。访问员将被安排到不同的项目组，并拿到不同的电话号码。

（5）试访和试访小结。每个访问员至少要完成 3 次试访，试访可以由研究人员或者访问员随机抽取约 5 个电话号码进行随机访问，并记录问卷中表达不够清晰的问题项目、不够全面的问题选项、未包含的重要研究内容等。对试访的及时总结有利于更好地修改问卷，并取得好的调查效果。

●第二步：电话访问

（1）按抽样提供的电话号码进行拨号。本项目的电话访问是在电话访问实训室内进行的，访问员通过计算机电话访问系统（CATI）按照事先提供的手机号码拨打指定区域的电话，并通过鼠标和键盘把被访者的回答直接记录在电脑上，然后系统会自动生成数据库。访问员拨通电话后首先说："先生/小姐您好，我们是城市学院市场研究中心，正在做一个广州市民对交通出行的满意度调查，是否可以耽误几分钟的时间听一听您的看法。如果成功完成所有的问题我们会赠送一张含100元的羊城通。"征得被访者同意后按照顺序进行提问，并随时记录被访者说到的但是问卷中没有反映出来的问题。

（2）现场监控。督导在访问现场进行检查，确保访问员的访问方式正确、数据记录无误。如果访问员存在错误，督导应立即指正。对于未答完全部问卷却挂机的被访者应该再次拨打访问，如果被访者不愿意继续访问，应该立即中止并做废卷处理，不可自己填写以完成访问任务。

（3）最初的数据审核。最初的访问结束后，督导应检查该访问员的问卷是否存在问题。如果出现问题，访问员需要马上补问被访者，并加以确认。

●第三步：电话访问的收尾工作

这一步的工作包括：（1）问卷回收及数据处理，计算机辅助电话服务系统一般自动生成数据，直接在电脑上导出数据即可，一般在导出结果后要进行一般性的查错，防止出现漏答，或者点击错误的情况发生。（2）访问小结。写出遇到的主要问题，和被访者说出但是调查表中无处可填写的内容，以及改进访问的方法等。

🏛 相关资料

电话访问的注意事项

（1）选择恰当的抽样方法确定受访者。

（2）制定一份适合电话访问的调查问卷。问卷的内容不能过多，问题顺序要符合消费者的习惯和逻辑，应简明直接，听完后可马上作答。

（3）选择恰当的通话时间，一般上午9点到10点的成功率低，上午10点半到12点前的成功率要高，下午3点之后的成功率高，但是到了下午5点半到8点之间成功率低。并能在短时间内（一般在20分钟左右）结束访谈最好。

（4）掌握良好的电话沟通技巧。如积极热情的态度、适中的语速、礼貌的方式等。

拓展资料

观察法在市场营销中的应用

1. 观察法及其分类

观察法是在自然情境中或预先设置的情境中对人或动物的行为进行直接观察、记录而后分析，以期获得其心理活动变化和发展的规律的方法。研究者根据一定的研究目的、研究提纲或观察表，用自己的感官和辅助工具去直接观察被研究对象，从而获得资料。科学的观察具有目的性和计划性、系统性和可重复性。由于人的感觉器官具有一定的局限性，观察者往往要借助各种现代化的仪器和手段，如照相机、录音机、显微录像机等来辅助观察。观察法可以分为以下四类：

（1）自然观察法。自然观察法是指调查员在一个自然环境中（包括超市、展示地点、服务中心等）观察被调查对象的行为和举止的方法。

（2）设计观察法。设计观察法是指调查机构事先设计模拟一种场景，调查员在一个已经设计好的并接近自然的环境中观察被调查对象的行为和举止的方法。所设置的场景越接近自然，被观察者的行为就越接近真实。

（3）掩饰观察法。众所周知，如果被观察人知道自己被观察，其行为可能会有所不同，观察的结果也就不同，调查所获得的数据也会出现偏差。掩饰观察法就是在不为被观察人、物或者事件所知的情况下监视他们的行为过程的方法。

（4）机器观察法。在某些情况下，用机器观察取代人员观察是可能的甚至是所希望的。在一些特定的环境中，机器可能比人员更便宜、更精确和更容易完成工作。

2. 观察法的使用情形及原则

观察法在以下四种情形下使用：

（1）对研究对象无法进行控制，比如要观察某个打折或者赠品促销的效果时，就可以在周围观察消费者的反应。

（2）在控制条件下，可能影响某种行为的出现。

（3）由于社会道德的需求，不能对某种现象进行控制。

为避免主观臆测和偏颇应遵循以下四条原则：

（1）每次只观察一种行为。

（2）所观察的行为特征应事先有明确的说明。

（3）观察时要善于捕捉和记录。

（4）采取时间取样的方式进行观察。

3. 观察法的操作步骤

（1）观察准备阶段。

①检查文件，形成工作的总体概念：工作的使命、主要职责和任务、工作流程。

②准备一个初步的观察任务清单，作为观察的框架。

③为数据收集过程中涉及的还不清楚的主要项目做一个注释，以便事后复查。

（2）观察。

①在部门主管的协助下，对员工的工作进行观察。

②在观察中，要适时地做记录。

（3）面谈。

①根据观察情况，最好再选择一个主管或有经验的员工进行面谈，因为他们了解工作的整体情况以及各项工作任务是如何配合起来的。

②确保所选择的面谈对象具有代表性。

（4）合并工作信息。

①检查最初的任务或问题清单，确保每一项都已经被回答或确认。

②进行信息的合并：把所收集到的各种信息合并为一个综合的工作描述，这些信息包括主管、工作者、现场观察者、有关工作的书面材料。

③在合并阶段，工作分析人员应该随时获得补充材料。

（5）核实工作描述。

①把工作描述分发给主管和工作的承担者，并附上反馈意见表。

②根据反馈意见表，逐字逐句地检查整个工作描述，并在遗漏和含糊地方做出标记。

③召集所有观察对象，进行面谈，补充工作描述的遗漏和不明确的地方。

④形成完整和精确的工作描述。

4. 观察法的优点和缺点

观察法的主要优点：

（1）它能通过观察直接获得资料，不需其他中间环节。因此，观察的资料比较真实。

（2）在自然状态下的观察，能获得生动的资料。

（3）观察具有及时性的优点，它能捕捉到正在发生的现象。

（4）观察能搜集到一些无法言表的材料。

观察法的主要缺点：

（1）受时间的限制，某些事件的发生有一定时间限制，过了这段时间就不会再发生。

（2）受观察对象限制。如研究青少年犯罪问题，有些秘密团伙一般不会让别人观察的。

（3）受观察者本身限制。一方面人的感官都有生理限制，超出这个限度就很难直接观察。另一方面，观察结果也会受到主观意识的影响。

（4）观察者只能观察外表现象和某些物质结构，不能直接观察到事物的本质和人们的思想意识。

（5）观察法不适应于大面积调查。

◑ 单元小结

● 二手资料是指某处已存放的信息资料或为某一目的已收集的信息。借助二手资料来开展调研，如果可以达到目标，就能省去收集原始资料的费用，从而降低成本，提高效率。

● 焦点小组座谈会是定性研究的一种主要形式，用于探索研究内容的基本范围，并形成研究思路，在专业主持人的带领下由一组预约好的消费者（6~8人）围绕着一个既定的话题展开讨论，从而对一些相关的问题进行深入的了解。

● 定性调查是研究事物的结构和层次、潜在的原因和动机的理解。定性调查的方法有焦点小组座谈会、深度访谈、观察法、实验法等。

● 定量调查是研究事物的量化指标。定量调查的方法有拦截访问、电话访问、入户访问、邮寄问卷、留置问卷等，其中观察法和实验法在定性和定量研究中都可以使用。

● 深度访谈是一种无结构的或者半结构的、直接的、一对一的访谈，在访谈过程中，通过掌握高级访谈技巧的调查员对被访者深度地访谈，以揭示被访者对某一问题的潜在动机、信念、态度和感情。根据研究目的的需要，深度访谈的对象可以是行业专家、技术专家、管理者、消费者、生产者等。

● 观察法是在自然情境中或预先设置的情境中对人或动物的行为进行直接观察、记录而后分析，以期获得其心理活动变化和发展的规律的方法。研究者根据一定的研究目的、研究提纲或观察表，用自己的感官和辅助工具去直接观察被研究对象，从而获得资料。科学的观察具有目的性和计划性、系统性和可重复性。由于人的感觉器官具有一定的局限性，观察者往往要借助各种现代化的仪器和手段，如照相机、录音机、显微录像机等来辅助观察。

◑ 重要概念

定性调查　定量调查　二手资料调查　焦点小组座谈会　深度访谈　观察法

基本训练

知识题

1. 选择题（不定项）

（1）当市场调研人员分析问题时，除了亲自收集的资料外，先前为了一定的目的收集的资料也是一个重要的信息来源，这些资料被称为（　　）。

A. 一手资料　　B. 二手资料　　　C. 最初数据　　D. 便利数据

（2）定性调查的方法不包括下列（　　）项。

A. 焦点小组座谈会　　　　　B. 深度访谈

C. 街头拦截访问　　　　　　D. 电话访问

（3）通过电话、传真、电子邮件、信件等发布调查问卷，进行某种产品的购买意向调查，它属于（　　）。

A. 询问法　　　　　　　　　B. 观察法

C. 实验法　　　　　　　　　D. 二手资料采集法

（4）只有当现有二手资料不能为认识和解决市场问题提供足够的依据时，才实行（　　）。

A. 文案调查　　　　　　　　B. 拦截访问

C. 焦点小组座谈会　　　　　D. 深度访谈

（5）下列调查方法中，（　　）项是适合在短时间内完成隐私性的定量调查定量资料的搜集。

A. 入户访问　　B. 拦截访问　　C. 留置问卷　　D. 电话访问

（6）调查员以售货员的身份从事销售工作，观察和调查顾客的购买行为。这种调查属于（　　）。

A. 非参与观察调查　　　　　B. 参与观察调查

C. 实验法　　　　　　　　　D. 二手资料采集法

（7）以下（　　）需要设计和确定调查问卷。

A. 观察法　　B. 询问法　　　C. 实验法　　　D. 二手资料采集法

2. 判断题

（1）一般情况下，电话访问也可以搜集定性的调查资料。（　　）

（2）焦点小组座谈会搜集的定性数据笔记完整，但是费用大，时间长。（　　）

（3）观察法是调查者直接或利用仪器到调查现场进行观察、记录被调查对象的行为、活动、反映，以获得资料的方法。（　　）

（4）拦截访问中，被调查者相对分散，调查者不容易接近目标顾客，收集资料费时费力。（　　）

3．简答题

（1）观察法调查有何优缺点？

（2）如何运用观察法获取调查资料？

（3）拦截访问的注意事项是什么？

（4）观察法的优缺点主要表现在哪些方面？

☞ **技能题**

1．某饮食集团已在广州市中心城区开设了4家酒楼，现计划在市郊新区再开设2家，请问需收集哪些二手资料？如何收集？

2．东南亚某国计划开拓广东人国外游市场，现委托该国的一家市场研究公司准备开展一次了解广东人收入情况、对当前社会经济及政治情况的认识、出游意向等内容的调研。计划采用电话询问的方式收集资料。你认为合适吗？如果不合适，还应该使用哪些方法收集资料，为什么？

⊞ 观念应用

☞ **案例分析题**

电脑盗版软件使用情况调查

在信息产业化蓬勃发展的今天，盗版软件作为一个伴随经济发展的副产品，其危害性日益严重。但在我们身边还有许多人没有意识到其危害性，大量使用盗版软件，严重地助长了盗版的嚣张气焰，使其在市场上横行霸道，严重影响了正版软件市场的秩序和国家的经济发展。

为了掌握人们对使用盗版软件的看法，了解应该怎样面对"盗版猖獗"的现状、我国软件市场秩序到底如何等问题，计划开展一次市场调查。

问题：你认为在所学的市场调查搜集资料方法中，哪些方法适用于这项调查？请你为这一调查设计一个收集资料的方案。

☞ **实训题**

1．结合小组所进行的市场调查项目，进行一次焦点小组座谈会，要求提交"焦点小组座谈会计划书"和"座谈会提纲"（每个小组提交一份）、"座谈会小结报告"（每组座谈会提交一份）。

2．每位小组成员进行3～5次深度访谈，要求提交："深访提纲"（每个小组提交一份)、"深访小结"(每位成员提交一份)。

3. 进行问卷调查,需要提交"问卷"和"问卷执行手册"各一份,每位成员要求完成并提交不低于 5 份问卷。

4. 根据项目需要可以进行电话访问,也可以不进行电话访问。如果进行电话访问需要提交"问卷"(与问卷调查相同就无需重复提交)、电话访问原始数据、电话访问总结。

5. 练习使用观察法。选择超市里面卖的一类产品,认真设计观察提纲,去超市观察 30 分钟,然后分析并提交观察的结果,填写实训报告。

第五单元

分析市场调查数据

知识目标

（1）了解市场调查数据整理与分析的含义。

（2）掌握市场调查数据整理的基本步骤。

（3）初步掌握调查资料分析的方法。

能力目标

（1）能对市场调查数据编码。

（2）会使用 SPSS 软件录入数据。

（3）能对市场调查数据进行频率分析、集中和离散趋势分析。

（4）会对市场调查数据进行交叉表分析。

（5）能选择合适的图形类别展示数据整理和分析的成果。

引例

调查员小王整理资料的困惑

某保险公司对影响保险户开车事故率的因素进行了调查。调查员王先生将收集来的调查问卷整理汇总后，得出表5-1。从表5-1中可以看出有61%的保险户在开车过程中从未出现过事故。

表 5 – 1　驾车者的事故统计

开车时无事故率/%	61
开车时至少经历一次事故率/%	39
样本数量/人	17 800

　　王先生研究在驾车安全性上男女之间是否有差别。他将所收集的资料按照性别进行了划分，得出表 5 – 2。

表 5 – 2　男、女驾车者的事故统计

	男	女
开车时无事故率/%	56	66
开车时至少经历一次事故率/%	44	34
样本数量/人	9 320	8 480

　　由表 5 – 2 可知，"开车时至少经历一次事故"的男性比女性高出 10 个百分点。所以得出结论：由于女性一般情况下比男性更加胆小心细，所以女性驾车与男性相比安全性更高，建议保险公司在以后的经营中多争取女性驾车者购买车险。

　　王先生将调查报告及收集的资料交给部门经理后的第二天，经理让他再统计一下驾驶距离是否与事故的发生率有关系，并对比男性与女性在相同距离的情况下事故的发生率。于是他将调查问卷首先按男性与女性分成两组。然后以 1 万千米的基准，将男性与女性的资料分别分为大于 1 万千米和小于 1 万千米，然后列出表 5 – 3。

表 5 – 3　不同驾驶距离下的事故统计

	男		女	
驾驶距离	>1 万千米	<1 万千米	>1 万千米	<1 万千米
开车时无事故率/%	51	73	50	73
开车时至少经历一次事故率/%	49	27	50	27
样本数量/人	7 170	2 150	2 430	60

　　通过对表 5 – 3 的分析发现，事故发生的原因与驾驶距离正相关，与性别不相关。即驾驶距离越长，发生事故的比例就越大，男性与女性在驾车距离一样的情况下，事故发生率基本相等。同样的资料，为什么依据不同的分组标准却得出

了截然不同的结论呢？王先生陷入了深深的困惑之中。

（资料来源：上海工商外语学院商务系案例库）

 引言

在前面几个单元里，已经完成了市场调查方案拟定、市场调查问卷设计和市场调查数据采集，接下来以公交满意度调查为贯穿案例，详细介绍数据审核、数据编码、数据录入、数据分组以及频率、集中与离散趋势分析、交叉表分析、相关分析和回归分析的具体操作方法，另外简要介绍数据的图示化方法。

任务一　数据整理

学习任务

在广州公交满意度调查活动方案设计、问卷以及抽样计划设计、数据采集后，收回了300份问卷，请对相应的数据进行审核、编码，并录入计算机，进行适当的分组，完成此次调查的数据整理工作，为以后的数据分析做好准备工作。

相关资料1

什么是数据整理

通过市场调查收集到的资料来自每个调查个体，信息只能反映个体，不能反映总体。直接根据这些资料对总体进行分析，往往很难找出规律，无法对总体做出判断和结论。因此在使用调查资料进行研究决策之前，必须先对资料进行整理。数据整理是根据市场调查的目的和任务要求，对调查所收集到的原始资料或者二手资料进行审核、编码、录入、分组，使其条理化、系统化的工作过程。

工作步骤

●第一步：数据审核

相关资料 2

<h2 style="text-align:center">什么是数据审核</h2>

（1）数据审核是对已经收集到的资料进行审核和核实，检查其是否真实、齐全，是否有差错，以决定是否采用此份调查资料的过程。

（2）数据审核的目的在于保证数据的真实性、完整性和准确性，为数据整理打下基础。数据审核的具体步骤有：

①复查审核。该环节是对访问员的作弊行为、是否严守程序进行核实。

②问卷审核。此环节是对访问员和被访者的疏忽、遗漏和错误进行检查。问卷审核通常由人工操作，主要对数据真实性、完整性和准确性等进行审核。

我们收回的 300 份问卷是否都是有效的呢？为了保证后期使用的数据是有价值的，首先要进行数据审核，保留有效问卷，筛选出无效问卷。

具体如何操作广州公交满意度调查数据的审核呢？

1. 复查审核

首先要对每位访问员所作的调查问卷做一定比例的复查审核，复查的比例控制在总数 10%~20%。可以通过电话访问的方式，向被访者提出如下几个问题加以复查审核：

（1）是否在×月×日接受了×访问员的公交满意度调查？

（2）在本人/家人/亲朋好友中，有没有在以下所列举的地方工作？市场调查/咨询公司、电台/电视台/报社/杂志社等媒介、地铁/公交/航空公司/铁路等交通运输公司。

（3）是否回答了所有问题？譬如，是否对如何提高广州公交服务质量提出建议？

（4）对访问员或调查本身有什么意见吗？

通过对以上复审，可以知晓访问员是否存在作弊行为以及调查是否严守程序进行，调查结果是否真实反映了目标受访者的回答。

2. 问卷审核

在完成复查审核后，接下来要进行资格审查的第二步：问卷审核。我们可以对每一份问卷从以下几点进行审查：

（1）被访者是否在明显敷衍？譬如所有的满意度评分题目答案全部为 10 分，由此可以判断被调查者是明显敷衍，问卷的真实性较差，应被视为不能接受的问卷。

（2）问卷是否完整？譬如：有的问卷只有开头部分回答完全，有的问卷在截止日期之后才收回，回收的问卷有缺页或多页的情况。这类问卷应该进行补访，如果无法进行补访，此问卷就应视为无效，不能采用。

（3）是否遵循了规定的跳转路线？譬如，在问卷的 Q1 中如果被访者上周并没有乘坐过广州公交车，却没有跳转到 Q8，接着回答了公交满意度的调查，那么该数据的使用价值就难以保证，这份问卷也应视为无效。

（4）数据是否真实合理？譬如，有的回答是一周内有 9 天会乘坐公交车，或者年龄为 25 岁来广州的年限却是 30 年，这些数据显然是不合理的；另外客户企业通常对开放题很感兴趣，我们也要重点关注开放题的答案的真实合理性，如果答非所问或者明显敷衍，则应尽可能补访这些问题。

通过复查审核和问卷审核，我们就可以剔除不合格的问卷，保留有价值的问卷共计 277 份，完成了数据审核工作。

🏛 相关资料 3

缺失数据的处理

缺失数据是指由于被调查者没有给出明确的答案或调查人员没有记录下他们的答案而造成未知变量值。缺失数据不能与无效数据等同起来，一般有以下几种情况产生缺失数据：

（1）回答者不知道问题的答案。

（2）回答者拒绝回答。

（3）回答者答非所问。

（4）由于调查人员疏忽漏问了此问题，因此回答者没有回答。

针对有缺失数据的资料，如果简单地将此份问卷剔除，那么，问卷数将越来越少，最后的结果是调查的精确度降低。

对缺失数据的处理可以采用平均值代替、个案删除和配对删除等方法予以修正。

1. 平均值代替

平均值代替是指用某个变量取值的平均数来代替缺失值。这样做不会改变其他变量，对统计结果也不会有太大影响。但应注意，平均值不一定能够代表被调查者对这个问题的答案，实际答案很可能会高于或低于平均值。

2. 个案删除

个案删除是指将有缺失数据的问卷排除在外。采用这种方法进行处理时应注意，丢失大量数据是不明智的做法，因为收集数据花费了巨大的金钱和时间成本。而且，有缺失数据的问卷很可能与完整的问卷存在总体上的差异，个案删除将严重影响分析结果。

3. 配对删除

配对删除是指不丢弃有缺失值的所有问卷，而是在每一步计算中采用有完整答案的问卷。因此，不同分析步骤采用的调查问卷数量也会有所不同，这种方法适宜样本规模很大、缺失值很少、变量之间非高度相关的情况。但是，这种方法可能产生不便使用的分析结果。

●第二步：数据编码

🏛 相关资料4

什么是数据编码

（1）数据编码是将问卷信息（包括调查问题和答案）转化为统一设计的计算机可识别的数字代码的过程，以便于数据录入和作进一步的处理和分析。

（2）编码设计就是确定各问卷中的各问题和答案所对应的代码、形式、范围及与原数据的对应关系，以便能够将调查中所得到的各种回答分为若干有意义且有本质差别的类别。

（3）编码设计的具体内容包括问卷代码、变量的定义（名称、类型、位数、对应问题等）及取值的定义（范围、对应含义等）。将这些内容列成表格形式，成为编码表。编码设计是整个编码过程的基础，科学合理、准确全面、有效的编码设计，有助于提高调查数据分析的质量。

接下来对广州居民公交满意度调查问卷进行编码，考虑到后期会使用 SPSS 软件进行数据录入、分析等工作，所以在此环节以 SPSS 数据录入为背景讲解数据编码。

相关资料5

SPSS 中如何定义编码变量

（1）SPSS 是目前应用最广泛的统计分析软件。其基本功能包括数据录入、统计分析和数据输出等，可以进行各类统计分析，包括集中趋势分析、离散趋势分析、相关分析、回归分析、方差分析、聚类分析、判别分析、因子分析以及假设检验等。

（2）在设计编码时通常要定义变量名称、变量标签、变量类型、宽度、值标签几个要素。

（3）变量命名的原则。

变量名必须以字母、汉字或字符@开头，其他字符可以是任何字母、数字或_、@、#等符号，字母不区分大小写；变量名总长度不能超过8个字符（即4个汉字）；不能使用空白字符或其他特殊字符（如"！"、"？"等），最后一个字符不能是句号；变量命名必须唯一；SPSS 的保留字不能作为变量的名称，如ALL、AND、WITH、OR 等。

（4）SPSS 中变量类型分为字符串型、日期型和数值型三大类，默认为数值型。

（5）变量标签和值标签。

变量标签是对变量名的进一步说明，变量名最多不超过8个字符，这不足以表示变量的含义，变量标签就是对变量名的补充解释。值标签是对变量可能取值的进一步说明，这是可选择的属性，可定义也可不定义。

广州居民公交满意度调查问卷的具体编码设计如下：

1. 设计问卷代码变量

（1）定义变量名为 QCode，变量标签为"问卷代码"。

（2）定义变量类型为数值，宽度为10。

相关资料6

问卷代码设计

问卷代码主要包括访员代码、问卷代码及抽样或调查对象有关的子总体的代码等。例如，某份问卷的代码为"03051112"，前面两位数字"03"代表荔湾区，"05"代表"自由职业者"，再后面两位"11"为访员编号，最后"12"表示该访员成功完成的第12份问卷。问卷代码看起来很简单，但非常必要。因为通过问卷代码不仅可以方便查找问卷，审核访员的工作，还有助于进行总体间的对比分析。

2. 对各问题进行编码

相关资料7

数据编码的分类

根据问题的类型，编码可以分为封闭题、开放题编码。其中封闭题分为单项选择题、不限制复选数量的多项选择题、限制复选数量的多项选择题。

根据编码设计的时间与方法，编码可以分为事前编码和事后编码。事前编码是在调查之前或调查过程中就对问题设计出编码。事后编码则是在收回问卷之后根据问题的答案设计编码。

（1）封闭性单项选择题编码。

Q2. 总体来说，请问您怎么评价乘坐广州公交的满意度？1分最不满意，10分最满意。

1分	2分	3分	4分	5分	6分	7分	8分	9分	10分

对于封闭性单项选择题目，我们通常采用事前编码。不管有几种答案，被访者只能选择其中的一项，这时只涉及一个变量，变量值即为选项号。具体编码步骤如下：

①定义变量名为"Q2"，变量标签为"广州公交的满意度"。

②定义变量类型为数值，宽度为2。

③定义值标签为：1 = "1分"、2 = "2分"、3 = "3分"……10 = "10分"，缺失值为99。

例如在某份问卷中，被访者选择了7分，那么 Q2 = 7。如果被访者没有选中任何项，那么 Q2 = 99。

（2）不限制复选数量的封闭性多项选择题编码。

Q5. 请问您近 3 个月，周一至周五出行常到达的地方是广州市的哪个区？（多选）

内　　容	选　　项
天河区	1
越秀区	2
荔湾区	3
海珠区	4
白云区	5
黄埔区	6
萝岗区	7
南沙区	8
花都区	9
番禺区	10
从化市	11
增城市	12

Q5 是不限制复选数量的封闭性多项选择题，对于这类问题通常采用"二分法"编码，即有多少个选项就设立多少个变量，变量的取值都是"0"或者"1"。用"1"表示被调查者选择了该项，用"0"表示未选择该项。具体编码步骤为：

①设置 12 个变量对应 12 个选项，变量名分别为 Q5 – 1、Q5 – 2……Q5 – 12，变量标签为"周一至周五出行常到达的区"。

②定义各个变量类型为数值，宽度为 1。

③值标签分别定义为 0 = "未选"、1 = "选中"。

例如某被访者选中了"天河区"和"番禺区"两项，那么 Q5 – 1 = 1，Q5 – 10 = 1，其他各变量等于 0。

（3）限制复选数量的封闭性多项选择题编码。

Q10. 请问您认为公交车上的移动电视主要存在哪些问题？（复选，最多选 3 项）

内　　容	选　　项
电视节目不好看	1
电视音量太小	2

续上表

内　　容	选　　项
电视信号不好	3
电视不清晰	4
电视节目类型不够丰富	5
屏幕太小	6
屏幕太偏，看不见	7

（注：为了教学需要，本题目精简了选项）

Q10 是限制了复选数量的封闭题（最多 3 项），对于这类问题通常采用分类法编码。即所设立的变量个数为最多可以选择的选项个数，变量的取值为所选择答案的选项号，变量排列顺序即为选择答案的顺序。具体编码步骤如下：

①定义 3 个变量（变量的数量即最多可选择的选项数），变量名分别为 Q10－1、Q10－2、Q10－3，变量标签为"公交车移动电视主要存在的问题"。

②定义各个变量类型为数值，宽度为 1。

③定义值标签分别定义为 1 ＝"电视节目不好看"、2 ＝"电视音量太小"、3 ＝"电视信号不好"、4 ＝"电视不清晰"、5 ＝"电视节目类型不够丰富"、6 ＝"屏幕太小"、7 ＝"屏幕太偏，看不见"，缺失值为 9。

例如某被访者选中了"电视节目不好看"、"电视节目类型不够丰富"和"屏幕太小"三项，那么 Q10－1 ＝ 1、Q10－2 ＝ 5、Q10－3 ＝ 6。如果某被访者仅选中了"电视节目不好看"一项，那么 Q10－1 ＝ 1、Q10－2 ＝9、Q10－3 ＝9。

（4）开放性题目编码。

Q35. 您最希望从哪些方面提高广州公交服务质量？_____

这是一道开放题（文字型）。这类题目的答案事先无法预料或难以完全罗列出来，通常采用事后编码，即数据收集完成后根据被访者的回答来编码。具体编码步骤为：

①先逐一列出每位被访者的答案。由于此次调查的样本量为 277，量比较大，此处就不一一列出。

②依据答案所体现的内容，将答案进行归类。这道题目经过归类整理归并为"提高人员服务质量"、"提高舒适性"、"提高便利性"、"提高安全性"、"减低费用"、"其他" 6 个一级分类。此时还可以对一级分类做进一步细化，如将"提高舒适性"细化为"提高座位舒适度"、"提高温度舒适度"、"增加把手数量"和"提高站点候车舒适度" 4 个二级类别；将"减低费用"细化为"降低票

价"、"保留月票"和"增加折扣"3个二级类别。

③数字编码。

a. 统计各位被访者回答中涉及的类别数，确定变量的数量。在此调查中，绝大多数被访者涉及的方面少于3个，所以我们定义3个变量，变量名分别为Q35-1、Q35-2、Q35-3，变量标签为"您最希望从哪些方面提高广州公交服务质量"。

b. 定义变量类型为数值型，宽度为2。

c. 定义值标签分别定义为1 = "提高人员服务质量"、2 = "提高舒适性"、3 = "提高便利性"、4 = "提高安全性"、5 = "减低费用"、21 = "提高座位舒适度"、22 = "提高温度舒适度"、23 = "增加把手数量"、24 = "提高站点候车舒适度"，其他二级类别编码不再赘述。

表5-4 开放题编码示例

代 码	答案一级类别	答案二级类别
1	提高人员服务质量	
…		
2	提高舒适性	
21		提高座位舒适度
22		提高温度舒适度
23		增加把手数量
24		提高站点候车舒适度
3	提高便利性	
…		
5	减低费用	
51		降低票价
52		保留月票
53		增加折扣
99	其他	

假设某被访者的回答是"希望能增多车厢内的把手数量，提高人员服务质量"，那么Q35-1 =1、Q35-2 =23、Q35-3 =99。

文字型开放性问题编码注意事项

对文字型开放性问题进行定量分析，需要将问题转化为一个或几个变量，将所有可能的答案赋予相应代码。需要特别注意以下几个事项：

（1）确定变量相对简单一些，可以对照问题大致翻阅一下可能的答案，甄别出主要变量，然后定义变量的名称、类型和含义。

（2）根据问题的回答确定各答案类别，在样本量较小的情况下，可以查阅所有问卷的回答；在样本量较大的情况下，只要抽取出部分问卷来查阅回答情况就可以了，但是要注意应尽量获取分布广泛的回答。

（3）选定问卷后，仔细阅读每个调查者对该问题的回答，每遇到一个新的答案类别就记录下来，同时记录各答案类别出现的频数。这里注意区分答案的表明含义与引申及隐含的含义。

（4）对各答案类别进行整理归纳，突出分析重点，将不能编码或个数较少、可以不予考虑的那些答案归入"其他"项。

（5）半封闭题目编码。

B3. 请问您的职业是什么呢？

公务员	01
国企/事业单位员工	02
个体户/私营业主	03
外企/私企员工	04
自由职业者	05
家庭主妇	06
学生	07
下岗/待业/兼职人员	08
离休/退休	09
其他（请注明： ）	10

B3 是一道半封闭题，被访者既可以从前面 9 个选项中选择合适的选项，也可以在"其他请注明"里面开放性补充。此题具体编码方法如下：

①定义两个变量，变量名分别为 B3 – 1 和 B3 – 2，变量标签都为"请问您的职业是什么"。

②定义 B3 – 1 的类型为数值型，宽度为 2，缺失值为 99；B3 – 2 为字符串型，宽度为 50，缺失值为"无"。

例如，某被访者选择了"私营企业一般职工"，那么 B3 – 1 = "09"，B3 – 2 = "无"；另一位被访者在"其他请注明"里填写了"军人"，那么 B3 – 1 = "99"，B3 – 2 = "军人"。

3. 编制编码手册

编码时很容易记住各变量名称、数码的含义，但很可能过不了多久会忘记它们所代表的含义，另外录入人员和研究人员有时也难以明白某些编码代码的含义。所以要编写一本编码手册，用以说明各种符号、数码的意思，作为相关人员的工作指南。

编码手册中通常包含 6 个项目，即变量序号、变量名称、相应问卷题号、是否跳答、数据宽度和数据说明。此调查问卷的编码手册如表 5 – 5 所示。

表 5 – 5　广州公交满意度调查问卷编码手册

变量序号	变量名称	相应问卷编号	是否跳答	数据宽度	编码说明
1	QCode	问卷代码		10	
…					
5	Q2	Q2	否	2	1 = "1 分"、2 = "2 分"、3 = "3 分"……10 = "10 分"，缺失值为 99
…					
11	Q7	Q7	是	1	1 = "会看"，2 = "没留意"
16	Q10 – 1	Q10	否	1	1 = "电视节目不好看"、2 = "电视音量太小"、3 = "电视信号不好"、4 = "电视不清晰"、5 = "电视节目类型不够丰富"、6 = "屏幕太小"、7 = "屏幕太偏，看不见"，缺失值为 9
17	Q10 – 2	Q10	否	1	1 = "电视节目不好看"、2 = "电视音量太小"、3 = "电视信号不好"、4 = "电视不清晰"、5 = "电视节目类型不够丰富"、6 = "屏幕太小"、7 = "屏幕太偏，看不见"，缺失值为 9

续上表

变量 序号	变量 名称	相应问 卷编号	是否 跳答	数据 宽度	编码说明
18	Q10 – 3	Q10	否	1	1 = "电视节目不好看"、2 = "电视音量太小"、3 = "电视信号不好"、4 = "电视不清晰"、5 = "电视节目类型不够丰富"、6 = "屏幕太小"、7 = "屏幕太偏，看不见"，缺失值为9
...					

有了编码手册，对于存储于计算机中的资料，其含义就一清二楚。至此，广州公交满意度调查问卷的编码工作全部完成，问卷已经成为编辑完好、核对无误、编码清楚的有效信息载体，可以转交给数据录入人员。

案例

消费者购买行为调查编码对照表

东方公司 2005 年对家电产品的购买情况进行了一次调查。在北京、上海、广州、成都四个城市，采用邮寄问卷调查的方式进行。调查问卷的部分内容如下：

Q1. 你的性别是

1. 男（ ）   2. 女（ ）

Q2. 您的年龄是（ ）岁

Q3. 您的文化程度是

1. 小学及以下（ ）   2. 初中（ ）   3. 高中或中专（ ）

4. 大学专科（ ）   5. 大学本科（ ）   6. 研究生或以上（ ）

Q4. 请问您在购买时考虑的因素是（限选 3 项）

1. 商品的功能（ ）   2. 商品的品质（ ）   3. 商品的外观（ ）

4. 商品的价格（ ）   5. 商品的品牌（ ）   6. 商品的售后服务（ ）

7. 朋友介绍（ ）   8. 其他（ ）

Q5. 真正的好产品是不需要广告的，您同意这种说法吗？

1. 非常同意（ ）   2. 同意（ ）   3. 无所谓（ ）

4. 不同意（ ）   5. 非常不同意（ ）

Q6. 买东西时我经常货比三家

1. 非常同意（ ）   2. 同意（ ）   3. 无所谓（ ）

4．不同意（　　）　　　　5．非常不同意（　　）

对上述问卷的编码见表5－6：

表5－6

变量编号	变量名称及说明	变量位数	编码说明
1	问卷编号（编号）	3	001－500
2	城市编号	1	1－北京、2－上海、3－广州、4－成都
3	访问编号	3	首位是城市编码，后两位是访问员编码。01－50
4	Q1　被访者性别（访员记录）	1	1－男、2－女
5	Q2　被访者年龄（　　）岁	2	按照访问对象的实际年龄填写，16－60
6	Q3 被访者学历：小学及以下、初中、高中或中专、大学专科、本科、研究生	1	1－小学及以下、2－初中、3－高中或中专、4－大学专科、5－本科、6－研究生
	……		……
15	Q12－1　请问您在购买时考虑的因素有（限选3项）：商品的功能、商品的质量、商品的外观、商品的价格、商品的品牌、商品的售后服务、朋友的推荐、其他	1	1－商品的功能、2－商品的质量、3－商品的外观、4－商品的价格、5－商品的品牌、6－商品的售后服务、7－朋友的推荐、8－其他
16	Q12－2　请问您在购买时考虑的因素有（限选3项）：商品的功能、商品的质量、商品的外观、商品的价格、商品的品牌、商品的售后服务、朋友的推荐、其他	1	1－商品的功能、2－商品的质量、3－商品的外观、4－商品的价格、5－商品的品牌、6－商品的售后服务、7－朋友的推荐、8－其他
17	Q12－3　请问您在购买时考虑的因素有（限选3项）：商品的功能、商品的质量、商品的外观、商品的价格、商品的品牌、商品的售后服务、朋友的推荐、其他	1	1－商品的功能、2－商品的质量、3－商品的外观、4－商品的价格、5－商品的品牌、6－商品的售后服务、7－朋友的推荐、8－其他
18	Q13　真正的好产品是不需要广告的：非常同意，同意，无所谓，不同意，非常不同意	1	5－非常同意，4－同意，3－无所谓，2－不同意，1－非常不同意

续上表

变量 编号	变量名称及说明	变量 位数	编码说明
19	Q14　买东西时我经常货比三家：非常同意，同意，无所谓，不同意，非常不同意	1	5－非常同意，4－同意，3－无所谓，2－不同意，1－非常不同意

●第三步：数据录入

数据录入是指将编码后的资料输入到计算机内存储起来，以便由计算机进行分类和汇总。

1. 定义变量，建立变量视图

定义变量时输入数据的前提，定义变量，不仅要按照规则定义变量名，而且要定义变量的类型，说明变量的含义（即写明变量的标签，虽然不写标签软件系统会照样运行，但从数据积累的角度看，写明标签是非常重要的），定义"值"的具体含义（如，"1"代表男性，"2"代表女性）等。

首先我们要先打开 SPSS 软件，会弹出一个有 6 个选项的小菜单，询问我们希望做什么，如图 5-1 所示。

在图 5-1 中选择"打开现有的数据源"，从 Excel 导入数据，也可以在 SPSS中直接录入数据。在此我们采用直接录入，选择"输入数据"，进入图 5-2 所示的数据编辑器窗口，单击下面的"变量视图"，进入"变量输入"界面。在这里可以设计变量的名称、类型、宽度、标签、值、缺失值等，在数据编码的基础上完成变量视图设计。

2. 录入数据，建立数据视图

在输入数据前，首先了解数据窗口的结构。图 5-3 是一个数据窗口的示例。

数据窗口的第一行是变量名的行。图 5-3 中的"Qcode"、"S1"、"S2"等，都是变量名。每个变量所在的列，将录入这个变量的所有数据。数据窗口最左边的一列，是自动产生的序号，一行数据就是一份问卷。

录入数据时，只要在数据视图中，把光标指到需要的位置，输入相应变量的取值即可，所有问卷依次输入完毕就完成数据录入的工作。

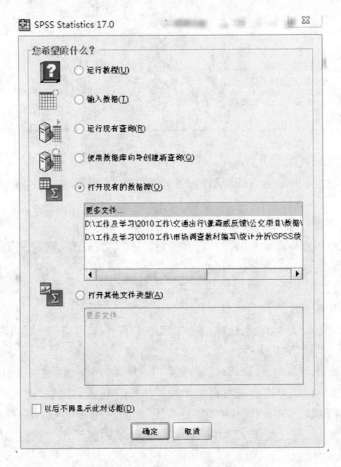

图 5-1　启动 SPSS 时的菜单

相关资料 9

数据录入的检查

录入工作比较枯燥，需要较高的耐心，因为数据录入的质量将决定调查的结果。所以，必须对录入质量进行检查。常用的方法有两种：

（1）软件自动检查。通过事先的数据库结构的编辑，可以对录入员录入的过程进行逻辑检查，避免数据录入过程中出现某种类型的错误，例如，录入无效的编码或者是太广的编码；同时对于跳答问题的录入也能进行很好的控制。但软件对录入检查的范围，限制在最常见的逻辑错误上，对于在选项范围内，因为录入员的疏忽而出错的信息，往往是不能察觉的。

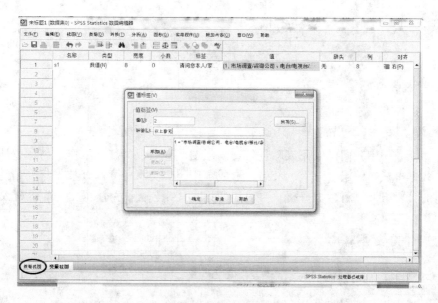

图5-2 变量视图示例

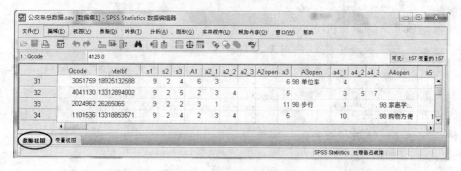

图5-3 数据视图示例

（2）采用重复输入数据，由计算机自动比较数据有无差错的方法。重复输入数据核查的方式主要有双机录入或三机录入。所谓双机录入的方式，是将同一份问卷分别由两个录入员进行两次录入，将两次的结果进行逐个比较，相同的部分是被认为没有错误的，如果出现不同的部分，检查问卷，及时修正。所谓三机录入，即将同一份问卷由不同的录入员录入3次，将3次的结果通过计算机进行比较，采用"2排1"的选择，如果2个结果是相同的，排除那个不同的答案。三机录入的方式可以减少翻阅问卷的人工。

至此，完成了此次调查的数据整理部分，为接下来的数据分析打好了基础。

任务二　数据分析

学习任务

在任务一中我们已经完成广州公交满意度调查的数据整理工作，将调查所获取的数据审核、编码、录入、分组，形成了广州公交满意度调查数据集，请运用合适的分析方法进行数据分析，并对如何提高广州公交满意度提出相应的建议。

相关资料1

数 据 分 析

数据分析就是利用定量和定性分析方法对市场调查中所获得的数据资料进行科学的处理和加工，从中提炼出各种有价值的市场信息数据的工作。

市场调查的问题可以分为描述性问题和关系性问题。描述性问题是指对一个变量取值的归纳整理及其分布形态的研究。对这类问题通常采用描述性统计方法，如频数分析、均值、众数、中位数、标准差等；关系型问题是探讨两个变量或多个变量之间有无关系及其关系的密切程度。对这类问题常采用各种相关分析、方差分析、因子分析、聚类分析、回归分析等。在掌握这些统计方法的同时，还应该熟练使用相关的统计软件，目前普遍使用的统计软件是SPSS、SAS。

对于广州公交满意度调查的数据集，我们该如何选择统计方法并进行分析呢？在此我们无法对每道题的分析进行介绍，以下介绍几种典型题型的基础分析方法。

子任务

子任务1　单选题的频数、频率分析

问卷中问题如下：请针对该题进行基础统计分析。

A1. 请问您周一至周五出行时，最常使用的交通工具是什么？（单选）

内　　容	选　　项
公交车	1
出租车	2
地铁	3
自行车	4
私家车	5
单位班车	6
摩托车	7
火车	8
飞机	9
长途巴士	10
其他（请注明：＿＿＿＿＿＿）	98
不知道/无	99

工作步骤

●第一步：频率分析

首先，打开数据文件，选择【Analyze】（分析）菜单，单击【Descriptive Statistics】（描述统计）令下的【Frequencies】（频率）命令。SPSS 将弹出"频率"主对话框，在该主对话框中，左框中是数据文件中的变量（准确地说，是相应变量的标签），右框中存放你想分析的变量。从左边的原变量中选择一个或者几个变量进入右边的"变量"列表框中。如图 5–4 所示：

对话框底部有一项"显示频率表格"复选框，SPSS 默认选择此项。选择此项后，输出结果将显示频数分布表，否则只显示直方图，不显示频数分布表。

"频率"主对话框的下方有 3 个按钮，从左到右依次为【Statistics】（统计量）按钮、【Charts】（图表）按钮和【Format】（格式）按钮。单击可进入对应对话框。

（1）单击【Statistics】按钮，打开"Frequencies：Statistics"对话框，如图 5–5所示。

在该对话框中，用户可以选择所要统计的统计量。对话框中各选项的具体意义参见补充知识，在此题中这些统计量均无价值，因此我们无需作任何选择，直

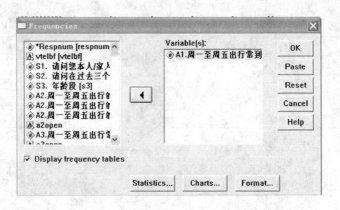

图 5 - 4　"频率"主对话框

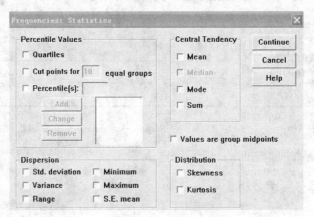

图 5 - 5　"频率：统计量"对话框

接按【Continue】（继续）按钮。

（2）单击【Charts】（图表）按钮，打开"Frequencies：Charts"对话框，在该对话框中，用户可以选择频数分析的图表类型。如图 5 - 6 所示。

（3）单击【Format】（格式）按钮，打开"频率：格式"对话框，如图 5 - 7 所示。

在该对话框中，我们可以设置频率分布表的输出格式。完成以上设置后，单击【OK】（确定）按钮，即可在结果输出窗口中得到频数分布表、描述性统计分析输出表格和用对应的输出图形。如图 5 - 8 所示：

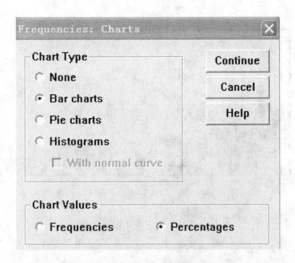

图 5 - 6 "频率：图表" 对话框

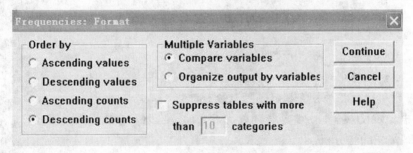

图 5 - 7 "频率：格式" 对话框

A1.周一至周五出行常到的区

			Frequency	Percent	Valid Percent	Cumulative Percent
Valid	1	天河区	166	26.8	26.8	26.8
	2	越秀区	71	11.5	11.5	38.2
	5	白云区	59	9.5	9.5	47.7
	10	番禺区	48	7.7	7.7	55.5
	9	花都区	45	7.3	7.3	62.7
	6	黄埔区	43	6.9	6.9	69.7
	3	荔湾区	40	6.5	6.5	76.1
	4	海珠区	38	6.1	6.1	82.3
	11	从化市	38	6.1	6.1	88.4
	8	南沙区	34	5.5	5.5	93.9
	12	增城市	21	3.4	3.4	97.3
	7	萝岗区	17	2.7	2.7	100.0
		Total	620	100.0	100.0	

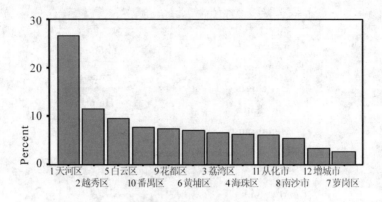

图 5-8　频率分析输出结果

🏛 相关资料 2

数据的描述性统计分析

1. 频数分析

在一组数据中考察不同的数值出现的频数，或者数据落入指定区域内的频数，可以了解数据的分布状况。频数分析的一个基本任务是编制频数分布表。在 SPSS 中，频数分布表主要包括频数、百分比、有效百分比、累计百分比等参数。

2. 集中趋势分析

集中趋势是指一组数据向某一中心值靠拢的倾向。反映数据的集中趋势的指标主要有平均值、众数和中位数三种。

（1）平均值。平均值是总体中各单位数值之和除以标志值项数得到的数值。它是测定集中趋势的一种常用指标，反映了一些数据必然性的特点。

（2）众数。众数是指一组数据中出现次数（频数）最多的那个数据，用以说明社会现象的一般水平。众数克服了平均值会受到数据中极值影响的缺陷，能够帮助我们抓住事物的主要矛盾，有针对性地解决问题。

众数在实际工作中有时有着特殊的用途。诸如，要说明一个企业中工人最普遍的技术等级，说明消费者需要的内衣、鞋袜、帽子等最普遍的号码，说明农贸市场上某种农副产品最普遍的成交价格等，都需要利用众数。例如某鞋厂对女士鞋码的调查所得的数据显示，大多数女士穿 37 码的鞋子，那么 37 即为众数。

（3）中位数。中位数是指将数据按大小顺序排列起来，形成一个数列，居于数列中间位置的那个数据。中位数是一个位置代表值，它将全部数据分成两部分，有一半小于中位数，一半大于中位数。

如果数据未分组，首先对数据排序，然后确定中位数的位置，其公式是：

中位数的位置 $=(n+1)/2$，式中，n 为数据的个数。

如果 n 为奇数，则处于中间位置的那个数据就是中位数。

例：有 9 位同学的市场调查成绩分别为 62、72、78、79、83、85、86、90、92。试确定中位数。

中位数的位置 $=(9+1)/2=5$，第 5 位同学的成绩 83 即为中位数。

如果 n 为偶数，则处于中间位置的那两个数据的算术平均数即是中位数。

例：有 8 位同学的市场调查成绩分别为 62、72、78、79、83、85、86、90。试确定中位数。

中位数的位置 $=(8+1)/1=4.5$，故中位数为第四位同学和第五位同学的平均成绩，即中位数为：$(79+83)/2=81$。

3. 离散趋势分析

离散趋势是指数据分布偏离其分布中心的程度。反映离散趋势的常用指标有全距、平均差和标准差。

（1）全距。全距也称极差，是一组数据的最大值和最小值之差。全距可以用来说明总体标志值变动的范围。另外全距也可以检验平均值的代表性大小。全距越小，数据的离散程度小，平均值的代表性就大；全距越大，数据的离散程度大，平均值的代表性就小。

例：有两个销售小组各成员的第一季度的销售成绩分别为：

第一组：60，70，80，90，100（单位：万元）

第二组：78，79，80，81，82（单位：万元）

很明显，两个小组的平均销售成绩都是 80 万元，但是哪一组的销售额比较集中呢？

如果用全距指标来衡量，则有：

$R_甲=100-60=40$（万元）

$R_乙=82-78=4$（万元）

这说明第一组资料的离散趋势远大于第二组的集中趋势。

（2）平均差。平均差是总体各单位标志值与其算术平均数的离差绝对值的算术平均数。它综合反映了总体各单位标志值的变动程度。平均差越大，则表示标志变动度越大；反之，则表示标志变动度越小。与全距不同的是，平均差的计算涉及总体中的全部数据，更能综合地反映总体数据的离散程度。

在资料未分组的情况下，平均差的计算公式为：

$$MD=\frac{\sum|x-\bar{x}|}{N}$$

采用标志值与算术平均数的离差绝对值之和，是因为各标志值对算术平均数的离差之代数和等于零。

同样以全距中的题目为例，分别求两个小组的平均差。

$$MD_甲 = \frac{|60-80| + |70-80| + |80-80| + |90-80| + |100-80|}{5} = 12$$

$$MD_乙 = \frac{|78-80| + |79-80| + |80-80| + |81-80| + |82-80|}{5} = 1.2$$

这意味着乙组比甲组的数据离散程度低，变动小，平均数的代表性大。

（3）标准差是测量数据离散程度最常用的指标。标准差越大，平均差的代表性越小，反之亦然。

在资料未分组的情况下，标准差的计算公式为：

$$\sigma = \sqrt{\frac{(x-\bar{x})^2}{n}}$$

同样以全距中的题目为例，分别求两个小组第一季度人均销量的标准差。

甲组：

销售员的季度人均销售额：

$$\bar{x} = \frac{60+70+80+90+100}{5} = 80$$

销售人员季度人均销量的标准差：

$$\sigma = \sqrt{\frac{(60-80)^2 + (70-80)^2 + (80-80)^2 + (90-80)^2 + (100-80)^2}{5}}$$

$$\approx 14.14$$

乙组：

销售员的季度人均销售额：

$$\bar{x} = \frac{78+79+80+81+82}{5} = 80$$

销售人员季度人均销量的标准差：

$$\sigma = \sqrt{\frac{(78-80)^2 + (79-80)^2 + (80-80)^2 + (81-80)^2 + (82-80)^2}{5}}$$

$$\approx 1.41$$

这说明相比于乙组，甲组销售员的销量水平差异较大，其平均销量的代表性小。

●第二步：分析结果图示化

细心的同学会发现，在使用 SPSS 进行数据分析的时候，多处让选择用何种图形显示结果，这就涉及了调查结果的图示化。虽然在 SPSS 中提供了图示化的功能，但为了使统计图更美观、更灵活，我们通常将数据导出，在 EXCEL 中制作统计图。

将上述频率分析结果导出到 EXCEL，作图如图 5 - 9 所示。

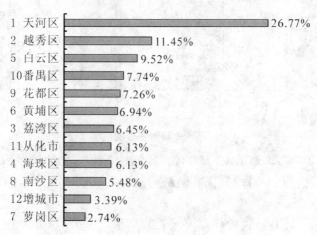

图 5 - 9　分析结果图示化

🏛 相关资料 3

统计图的运用

统计图是指利用几何图形或具体事物的形象和地图等形式来表现社会经济现象数量特征和数量关系的图形，它是市场调研资料的重要表达形式。在编制统计表的基础上，为了使市场调研资料的表达直观生动、通俗易懂、便于分析比较等，可以利用统计图进行市场调研分析、预测和分析现象之间的数量关系及变化发展情况，统计图是加强管理的重要手段之一，应用非常广泛。

统计图有多种类型，应根据市场调研资料的具体情况，选择合适的图形，根据统计图的表现形式，它可以分为柱形图、饼状图、折线图、条形图、散点图等。

1. 柱形图

柱形图是由同样宽度的柱形构成，用条形的长短来表示统计数值大小及数量关

系，用于表示一段时间内数据的变化，或者显示不同项目之间的对比。柱形图具体
又分为简明柱形图、堆积柱形图、簇状柱形图等。如图5-10、图5-11所示。

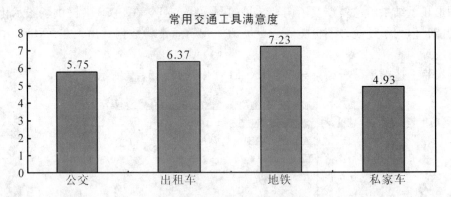

图5-10　简明柱形图示例

图5-10可以清晰地展现广州居民对公交、出租车、地铁和私家车这四种交
通工具的满意度，其中对地铁满意度最高，为7.23；对私家车满意度最低，为
4.93。

通过簇状柱形图可以清晰地比较各类别的值，图5-11展示的是广州居民平
时和周末出行的目的，从图中可以看出平时出行和周末的最主要目的显著不同，
平时是上班，而周末则是购物和娱乐。

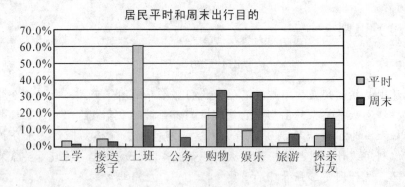

图5-11　簇状柱形图示例

2. 条形图

条形图和柱形图类似，都可以用于各项目之间的对比。条形图又可分为简明
条形图、堆积条形图、簇状条形图等。如图5-12所示。

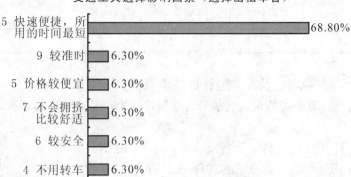

图 5 - 12 简明条形图示例

3. 饼状图

饼状图是把一个饼圆分为多个组成部分，用各个部分占总和的百分比来显示总体内部的结构。如图 5 - 13 所示。

公交出行满意度调查被访者年龄结构

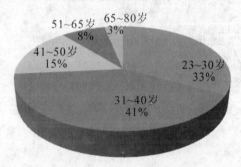

图 5 - 13 饼状图示例

通常在满足以下条件时我们采用饼状图：（1）仅有一个要绘制的数据系列。（2）要绘制的数值没有负值。（3）要绘制的数值几乎没有零值。（4）类别数目不超过 7 个。（5）各类别分别代表整个饼状图的一部分。另外，如果各组成部分相加之和不为 100%，一般不采用饼状图。

子任务 2 打分题的描述性统计分析

问卷中问题如下，请针对该题进行基础统计分析。

Q1. 请问您给广州公交车所提供服务打多少分（包括服务设施、人员服务、信息服务等方面）？1 分最差，10 分最好。

1	2	3	4	5	6	7	8	9	10

●第一步：平均值及标准差计算（满意度）

通常通过计算平均值来代表消费者普遍给某个产品或服务的评价，在此称为满意度。

首先，打开数据文件，选择【Analyze】（分析）菜单，单击【Descriptive Statistics】（描述统计）命令下的【Descriptive】（描述统计）命令。SPSS 将弹出"描述统计"主对话框，在该主对话框中，直接单击【OK】（确定）。如图 5 - 14 所示。

图 5 - 14　描述统计窗口

输出结果如下：

Descriptives

Descriptive Statistics

	N	Minimum	Maximum	Mean	Std. Deviation
Q2总体满意度	277	1	10	5.79	1.922
Valid N (listwise)	277				

图 5 - 15　描述统计量输出结果

表明广州居民对广义公交的普遍评价是 5.79 分。标准差表明居民间打分的差异性大小。

●第二步：频率分析（满意率）

1. 重新分组

若以 7 分以上为满意，则给 7 分及以上的人占总体人数的比重就称为满意率。

首先需要根据 Q2 的打分对被访者进行重新分组，即分成两组，满意的人（打 7 分及以上者）和不满意的人（打 1～6 分者）。在数据文件中，选择【Transform】（转换）菜单，单击【Recode】（再编码）命令下的【into different variable】（生成新变量），得到如图 5－16 所示的窗口。

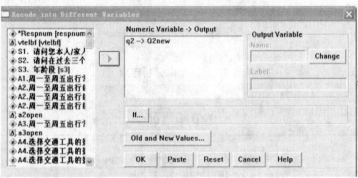

图 5－16　重新编码分组窗口

以上窗口已经设定了新变量 Q2new，单击【Old and New Values】，看到如下窗口：

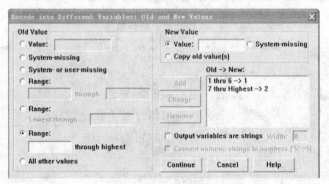

图 5－17　赋值窗口

以上窗口已经完成了设定，即旧变量 Q2 中打 1～6 分者在新变量 Q2new 中的值为"1"，旧变量 Q2 中打 7 分及以上者在新变量 Q2new 中的值为"2"。

2. 频率分析

在数据文件中，选择【Analyze】（分析）菜单，单击【Descriptive Statistics】

（描述统计）令下的【Frequencies】（频率）命令，如图 5-18 所示。

图 5-18　频率分析窗口

得到如图 5-19 所示：

Q2分组情况

		Frequency	Percent	Valid Percent	Cumulative Percent
Valid	1.00	178	28.7	64.3	64.3
	2.00	99	16.0	35.7	100.0
	Total	277	44.7	100.0	
Missing	System	343	55.3		
Total		620	100.0		

图 5-19　频率分析结果

以上结果表明，广州居民对广州公交的满意率为 35.7%。

●第三步：交叉表分析

分析了总体的满意情况以后，可能我们还关心不同人群的态度。不同人群可能以性别划分、以职业划分、以文化程度划分等。在这里我们以是否拥有私家车对人群进行划分，以此为例，讲解交叉表分析的运用。

在数据文件中，选择【Analyze】（分析）菜单，单击【Descriptive Statistics】命令下的【Crosstabs】（交叉表）命令。打开"交叉表"主对话框，如图 5-20 所示。其中左边的变量列表为原变量列表，可选择一个或者几个变量进入右边的"行"变量列表框、"列"变量列表框和"层"变量列表框中，得到如图 5-21 所示的分析结果。

从图 5-21 中我们可以得到有私家车者满意率为 35%，而无私家车者满意率为 36.2%，差异不是很明显。

图 5 - 20 交叉表分析窗口

T7.是否拥有私家车 * Q2分组情况 Crosstabulation

			Q2分组情况		Total
			1.00	2.00	
T7.是否拥有私家车	1 有	Count	67	36	103
		% within T7.是否拥有私家车	65.0%	35.0%	100.0%
	2 没有	Count	111	63	174
		% within T7.是否拥有私家车	63.8%	36.2%	100.0%
Total		Count	178	99	277
		% within T7.是否拥有私家车	64.3%	35.7%	100.0%

图 5 - 21 交叉表分析结果

● **第四步：选择部分人群计算满意度**

在按照有无私家车分成两组人群后，满意率的差异不是很明显，现在我们试图计算两组的满意度，并进行均值比较，看其满意度是否存在统计意义上的差异。

1. **分别计算有、无私家车者的满意度**

方法一：【Select Cases】（选择个案）的使用

（1）选择部分个案。

在数据文件中，选择【Data】（数据）菜单，单击【Select Cases】（选择个案）命令 "Select Cases" 主对话框，如图 5 - 22 所示。

选择了第二项 "if condition is satisfied" 设置了 "t7 = 1"，即有私家车者。

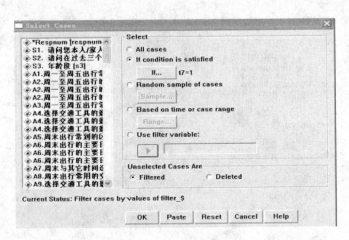

图 5－22　选择个案窗口

（2）计算有私家车者的满意度。

因为此时通过上一次的设置，没有私家车的个案已被剔除，此时只需计算 Q2 的平均值即可。均值的计算在上面已经讲过，在此不再赘述。计算结果如图 5－23 所示。

Descriptive Statistics

	N	Minimum	Maximum	Mean	Std. Deviation
Q2.总体满意度	103	1	10	5.57	2.037
Valid N (listwise)	103				

图 5－23　有私家车者对公交服务的满意度

（3）计算无私家车者的满意度。

首先也是运用"Select Cases"选择无私家车者。在此，要使用两次。第一次运用时，要选择"All cases"，将前面做过的选择复原；第二次运用时，选择第二项"if condition is satisfied"设置"t7 = 2"，就完成了对无私家车者个案的选择。

接着，也是计算 Q2 的平均值，就得到无私家车者的满意度。计算结果如图 5－24 所示。

Descriptive Statistics

	N	Minimum	Maximum	Mean	Std. Deviation
Q2.总体满意度	174	1	10	5.92	1.845
Valid N (listwise)	174				

图 5－24　有私家车者的公交服务满意度

方法二：【Compare Means】→【Means】的使用

在数据文件中，选择【Analyze】（分析）菜单，选择【Compare Means】（均值比较）下的命令【Means】（均值），打开"Means"主对话框，如图5-25所示。

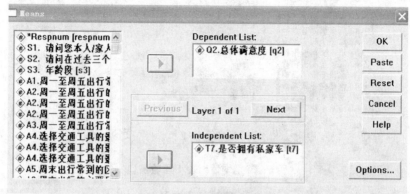

图5-25 分组均值计算窗口

见图5-25中的设置，然后单击【OK】，即得到结果如图5-26所示。

Q2.总体满意度

T7.是否拥有私家车	Mean	N	Std. Deviation
1 有	5.57	103	2.037
2 没有	5.92	174	1.845
Total	5.79	277	1.922

图5-26 分组均值计算结果

2. 对有、无私家车者的满意度是否存在统计意义上的显著差异进行检验

在数据文件中，选择【Analyze】（分析）菜单，选择【Compare Means】（均值比较）下的命令【Independent-samples T Test】（独立样本T检验），如图5-27所示。

如图5-27所示进行有关设置，得到结果见图5-28。

对此结果的解释，由于涉及较多的统计学知识，在此处只讲结论，不讲原理。

因为 $Sig = 0.249 > 0.05$，说明两个子总体方差相同，所以就观察第一行的数据（反之，则观察第二行的数据）。又因为 $Sig = 0.158 > 0.05$，说明两个子总体的均值并无统计意义上的显著差异，即虽然调查样本显示有私家车者的满意度是5.57，无私家车者的满意度是5.92，但从统计假设检验的结果来看，并不能得出"总体上有私家车者比没有私家车者对公交服务更不满意"的结论，因为统计检验的结果是二者的差异并不显著。

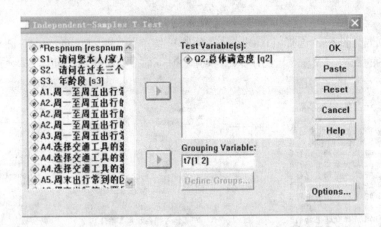

图 5 - 27   均值比较 T 检验窗口

Independent Samples Test

| | | Levene's Test for Equality of Variances | | t-test for Equality of Means | | | | | | |
| | | F | Sig. | t | df | Sig. (2-tailed) | Mean Difference | Std. Error Difference | 95% Confidence Interval of the Difference | |
									Lower	Upper
Q2.总体满意度	Equal variances assumed	1.335	.249	-1.454	275	.147	-.35	.238	-.816	.123
	Equal variances not assumed			-1.417	197.644	.158	-.35	.245	-.829	.136

图 5 - 28   均值比较 T 检验输出结果

🏛 相关资料 4

市场调查中常用的其他统计方法

在市场研究中，实际上最常使用的是频率分析、交叉频率分析和描述统计方法。对于大多数问题，运用常规的统计分析方法就可以解决；而对于某些特殊问题，还需要借助高级统计方法才能解决。

3. 相关分析

相关分析是研究变量间密切程度的一种常用统计方法。线性相关分析研究两个变量之间线性相关的程度。在此以分析广州公交总体满意度和公交空调系统满意度的相关分析为例，介绍两个变量间的相关分析。在 SPSS 中实现该分析的步骤具体如下：

首先打开数据文件，选择【分析】菜单，单击【相关】命令下的【双变量】

命令。打开"双变量相关"主对话框，如图5-29所示。在左面的变量表中选择"Q2公交总体满意度"和"Q10公交空调系统满意度"两个变量。

图5-29 "双变量相关"主对话框

在此我们选择"相关系数"：Pearson；"显著性检验"：双侧检验（具体含义，限于篇幅在此不再赘述，感兴趣的同学请参考相关统计学或SPSS教程）。单击【确定】按钮，输出结果如图5-30所示。

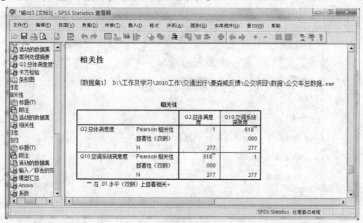

图5-30 广州公交总体性满意度与空调系统满意度相关分析

图5-30中显示了广州公交总体性满意度与空调系统满意度之间的相关系数矩阵，在变量行和变量列的交叉处纵向显示了三个数值，各数值含义如下：

第一行中的数值是行变量与列变量的相关系数矩阵。行、列变量相同，其相关系数为1。变量"广州公交总体性满意度"和变量"空调系统满意度"之间的相关系数为0.518。

第二行中的数值是使相关系数为0的假设检验成立的概率，可以计算的均小于0.001。

第三行中的数值是参与该相关系数计算的观测量数据为277。

注释行说明标有"＊＊"的相关系数的显著性概率水平为0.01，显然广州公交总体性满意度与空调系统满意度之间是高度相关的。

4. 回归分析

把相关的变量中的一些因素作为自变量，而另一些随着自变量的变化而变化的变量作为因变量，研究它们之间的非确定性关系。回归分析可以从影响某一变量的诸多变量中，判断哪些变量的影响显著，哪些不显著。下面以广州公交总体满意度和各二级指标满意度的线性回归分析为例，简单介绍 SPSS 中回归分析的操作步骤。

首先打开数据文件，选择【分析】菜单，单击【回归】命令下的【线性】命令。打开"线性回归"主对话框，如图 5-31 所示。在左边的变量框中选择"总体满意度"为因变量，"Q3 车辆设备满意度"、"Q5 站点服务满意度"、"Q10 空调系统满意度"……"Q33 公交费用满意度"等 11 个变量作为自变量（其他设置限于篇幅，在此不再详述，感兴趣的同学请参考相关 SPSS 教程）。

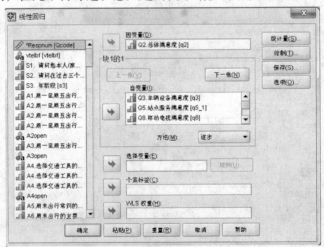

图 5-31　"线性回归"对话框

单击【确定】按钮，得到输出结果如图 5-32 所示，从图中我们可知"Q2

人员服务满意度"、"Q3 车辆设备满意度"、"Q10 空调系统满意度"、"Q22 羊城通便利性满意度"、"Q5 站点服务满意度"是对公交整体满意度有贡献的，而其他变量则被剔除掉了。例如，每当人员服务满意度提高一个单位，则公交整体满意度会提高 0.328 个单位；每当空调系统满意度提高一个单位，则公交整体满意度会提高 0.154 个单位。

图 5-32　线性回归示例

子任务 3　多选题的描述性统计分析

问卷中问题如下，请针对该题进行基础统计分析。

A4.（读出选项）请问您选择此种交通工具最主要的原因有哪些？还有呢？（复选，不多于 3 项）

内　　容	选　项
站点离住的地方近	1
候车时间短	2
不塞车	3
不用转车	4
快速便捷，所用的时间最短	5

续上表

内　　容	选　　项
较安全	6
不会拥挤，比较舒适	7
价格较便宜	8
较准时	9
其他（请注明：＿＿＿＿＿＿）	98
不知道/无	99

●第一步：频数、频率分析

1. 定义多选题变量集

打开数据文件，选择【Analyze】菜单，选择【Multiple Response】（多选项分析）命令下的【Define Sets】（定义变量集）命令。打开对话框，如图 5 - 33 所示。

图 5 - 33　定义变量集窗口

在上述窗口中，将关于 A4 题的 3 个变量都选入新变量集 "A4group"，从 A4 变量值的录入可以看出，A4 题的录入采用的是分类法录入，所以在上述窗口中选择的是 "Categories"，范围设定为 "1 through 11"，设置完以后，单击 "Add" 按钮。

2. 多选题频数、频率分析

选择【Analyze】菜单，选择【Multiple Response】（多选项分析）命令下的【Frequencies】命令。打开对话框，如图5 - 34 所示。

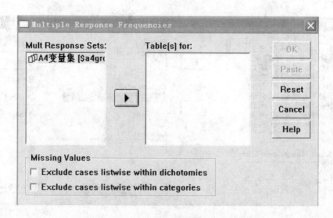

图 5-34 多选项频率分析窗口

将 A4 变量集直接选入右边的框图中，单击【OK】，得出以下结果，如图 5-34 所示：

```
Group  $A4GROUP   A4变量集
                                                       Pct of    Pct of
Category label                        Code    Count   Responses  Cases
 1  站点离住的地方近                     1        60      8.3      11.0
 2  候车时间短                           2        18      2.5       3.3
 3  不塞车                               3        57      7.8      10.5
 4  不用转车                             4        25      3.4       4.6
 5  快速便捷，所用的时间最短             5       351     48.3      64.6
 6  较安全                               6        50      6.9       9.2
 7  不会拥挤，比较舒适                   7        48      6.6       8.8
 8  价格较便宜                           8        78     10.7      14.4
 9  较准时                               9        27      3.7       5.0
10  方便                                10        10      1.4       1.8
11  工作需要                            11         3      .4        .6
                                            -------   -------   -------
                   Total responses            727     100.0     133.9
```

图 5-35 多选项频率分析结果

在结果中有两类频率，"Pct of Response"是以反应总数为基础计算的百分数，"Pct of Case"是以调查样本总体为基础计算的百分数。研究者可以根据需要选择使用哪一种，通常第二种百分数更有用。

●第二步：多选题交叉表分析

选择【Analyze】菜单，选择【Multiple Response】（多选项分析）命令下的【Crosstabs】命令。打开对话框，如图 5-36 所示。

在上面的对话框中进行如图的设置，再点击"Options"按钮，进行显示设置，如图 5-37 所示。

在上面的对话框中设置显示百分数，且是以列为计算基础的，显示结果如图 5-38 所示。

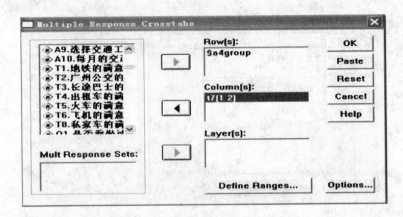

图 5 – 36　多选项交叉表分析窗口

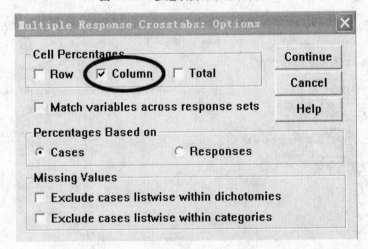

图 5 – 37　多选项交叉表分析显示结果设置窗口

```
                      T7
                   Count   1 有     2 没有
                   Col pct                    Row
                                              Total

                           1        2

      $A4GROUP
                      1     18       42        60
      1  站点离住的地方近      6.3     16.5      11.0

                      2     7        11        18
      2  候车时间短         2.4      4.3       3.3

                      3     25       32        57
      3  不塞车           8.7     12.5      10.5

                      4     13       12        25
      4  不用转车          4.5      4.7       4.6

                      5     207      144       351
      5  快速便捷, 所用的    71.9    56.5      64.6
         时间最短
                      6     27       23        50
      6  较安全           9.4      9.0       9.2

                      7     36       12        48
      7  不会拥挤, 比较舒适   12.5     4.7       8.8

                      8     21       57        78
      8  价格较便宜         7.3     22.4      14.4

                      9     11       16        27
      9  较准时           3.8      6.3       5.0

                      10    3        7         10
      10 方便            1.0      2.7       1.8

                      11    3        0         3
      11 工作需要          1.0      .0        .6

                   Column   288      255       543
                   Total    53.0     47.0     100.0
```

图 5-38 多选项交叉表分析结果输出

⊞ 单元小结

• 市场调查中的数据整理是根据市场调查的目的和任务要求，对调查所收集到的原始资料或者二手资料进行适当的整理，确保资料的真实性、准确性和完整性，使其能更好地反映客观事物的本来面目。

• 数据整理通常包括数据审核、数据编码、数据录入等步骤。

• 数据分析是在调查资料整理的基础上进行的，是利用定量和定性分析方法对市场调查中所获得的数据资料进行科学的处理和加工，从中提炼出各种有价值的市场信息数据的工作。

● 市场研究中最常使用的数据分析方法有频率分析、集中与离散趋势分析、交叉表分析、相关分析和回归分析等。应根据市场调查的目的和题目的类型选择相应的数据分析方法。

● 为了使市场调研资料的表达直观生动、通俗易懂，便于分析比较，可以利用统计图进行市场调研分析、预测和分析现象之间的数量关系及变化发展情况。

● 统计图有多种类型，根据统计图的表现形式，它可以分为柱形图、饼状图、折线图、条形图、散点图等。应根据市场调研资料的具体情况，选择合适的图形。

⊕ 重要概念

数据整理　数据审核　数据编码　数据录入　数据分析　描述性分析　交叉表分析　相关分析　回归分析　图示化　SPSS

⊕ 基本训练

☞ 知识题

1. 选择题

（1）数据审核是对已经收集到的资料进行审核和核实，检查其数据的（　　）。

A. 真实性　　　　B. 鲁棒性　　　　C. 准确性　　　　D. 完整性

（2）（　　）是将问卷信息转化为统一设计的计算机可识别的数字代码的过程，以便于数据录入和作进一步的处理和分析。

A. 数据审核　　　B. 数据分析　　　C. 数据编码　　　D. 数据录入

（3）SPSS 中变量类默认为（　　）。

A. 字符串型　　　B. 日期型　　　　C. 数值型　　　　D. 逻辑型

（4）反映数据的集中趋势的指标主要有（　　）。

A. 平均值　　　　B. 众数　　　　　C. 中位数　　　　D. 全距

（5）能综合反映总体各单位标志值的变动程度的指标是（　　）。

A. 全距　　　　　B. 平均差　　　　C. 标准差　　　　D. 众数

（6）常见的统计图形有（　　）。

A. 柱形图　　　　B. 条形图　　　　C. 饼状图　　　　D. 散点图

2. 判断题

（1）调查人员在对资料进行验收和编辑时，可以根据需要随意删除一些资

料。（　　）

（2）对没有答案和无需回答项目的不需要规定编码。（　　）

（3）对于不限制复选数量的封闭性多项选择题，通常采用"二分法"编码。（　　）

（4）中位数是数据离散程度分析的指标。（　　）

（5）全距是一组数据的最大值和最小值之差，可以用来说明总体标志值变动的范围。（　　）

（6）统计图是指利用几何图形或具体事物的形象和地图等形式来表现社会经济现象数量特征和数量关系的图形。（　　）

3．简答题

（1）数据整理主要包含哪些步骤？

（2）开放问题和封闭问题的编码有什么不同？

（3）市场调查数据的分析主要包含哪些工作？

（4）常用的统计分析方法有哪些？

（5）数据图示化时应注意哪些问题？

☞ 技能题

请对下列问题进行编码。

（1）您的年龄是

A. 18 岁以下（　　）　　　　　　B. 18～30 岁（　　）

C. 31～50 岁（　　）　　　　　　D. 50 岁以上（　　）

（2）您在选购计算机时，可能会考虑各种因素，请您按优先顺序进行排列。

A. 价格（　　）　　　　B. 品牌（　　）　　　　C. 功能（　　）

D. 售后服务（　　）　　　E. 其他（请指出：　　　　　）

（3）在其他条件不变的情况下，如果计算机系列产品平均降低售价 10%，您的态度是

A. 马上购买（　　）　　　　　　B. 会来购买（　　）

C. 不会有很大的吸引力（　　）　　　D. 不会购买（　　）

E. 肯定不会购买（　　）

⊕ 观念应用

☞ 案例分析题

休闲农业体验活动游客部分问卷编码表

编号	字段	名称	变量含义	编码说明
1	1	N1	样本别	1 游客
	2–4	N2	编号	□□□
	5	N3	地区别	1 北部 2 中部 3 南部 4 东部
	6	SEX	性别	1 男性 2 女性
	7–8	AGE	年龄（ 岁）	□□ 岁
	9	EDU	教育程度	1 小学及以下 2 初中 3 高中 4 大专 5 本科 6 研究生
2	10	C1	您从何处得知休闲农场的信息：报纸杂志	0 没有 1 有
	11	C2	广播	0 没有 1 有
	12	C3	电视	0 没有 1 有
	13	C4	新闻报道	0 没有 1 有
	14	C5	朋友告知	0 没有 1 有
	15	C6	家人告知	0 没有 1 有
	16	C7	亲戚告知	0 没有 1 有
	17	C8	邻居告知	0 没有 1 有
	18	C10	农场简介	0 没有 1 有
	19	C11	学校介绍	0 没有 1 有
	20	C12	旅游指南	0 没有 1 有
	21	AC1	活动方面：1. 农产品的采摘	1 非常需要 2 需要 3 普通 4 不需要 5 非常不需要
	22	AC2	2. 栽种蔬菜、水果	1 非常需要 2 需要 3 普通 4 不需要 5 非常不需要
	23	AC3	3. 参与农务操作（挤牛奶制茶）	1 非常需要 2 需要 3 普通 4 不需要 5 非常不需要
	24	AC4	4. 参观农业生产过程（生产加工）	1 非常需要 2 需要 3 普通 4 不需要 5 非常不需要

续上表

编号	字段	名称	变量含义	编码说明				
25	AC5		5. 农产品的品尝（包括品茗）	1 非常需要	2 需要	3 普通	4 不需要	5 非常不需要
26	AC6		6. 动植物生态观察与解说	1 非常需要	2 需要	3 普通	4 不需要	5 非常不需要
27	AC7		7. 农作物的栽种讲习解说	1 非常需要	2 需要	3 普通	4 不需要	5 非常不需要
28	AC8		8. 乡土民俗展示与解说	1 非常需要	2 需要	3 普通	4 不需要	5 非常不需要
29	AC9		9. 认养动植物	1 非常需要	2 需要	3 普通	4 不需要	5 非常不需要
30	AC10		10. 烤肉、烤地瓜或野炊活动	1 非常需要	2 需要	3 普通	4 不需要	5 非常不需要
31	AC11		11. 度假住宿	1 非常需要	2 需要	3 普通	4 不需要	5 非常不需要
32	AC12		12. 提供乡村特色的美食餐饮	1 非常需要	2 需要	3 普通	4 不需要	5 非常不需要
33	AC13		13. 露营	1 非常需要	2 需要	3 普通	4 不需要	5 非常不需要
34	AC14		14. 提供儿童玩游戏	1 非常需要	2 需要	3 普通	4 不需要	5 非常不需要
35	AC15		15. 农园美景欣赏游憩	1 非常需要	2 需要	3 普通	4 不需要	5 非常不需要
36	AC16		16. 提供比赛、研习活动	1 非常需要	2 需要	3 普通	4 不需要	5 非常不需要
37	AC17		17. 举办农业体验活动（踩水车、坐牛车、钓鱼、捉泥鳅）	1 非常需要	2 需要	3 普通	4 不需要	5 非常不需要
38	AC18		18. 举办休闲体能活动（滑草、脚踏车、放风筝、掷飞盘、球类运动）	1 非常需要	2 需要	3 普通	4 不需要	5 非常不需要
39	AC19		19. 土产或手工艺的贩卖	1 非常需要	2 需要	3 普通	4 不需要	5 非常不需要
40	AC20		20. 现代休闲设施活动	1 非常需要	2 需要	3 普通	4 不需要	5 非常不需要

续上表

编号	字段	名称	变量含义	编码说明				
	41	E1	休闲体验：1. 逃离都市的喧嚣	1非常同意	2同意	3尚可	4不同意	5非常不同意
	42	E2	2. 接近体验大自然情趣	1非常同意	2同意	3尚可	4不同意	5非常不同意
	43	E3	3. 逃离日常工作及责任	1非常同意	2同意	3尚可	4不同意	5非常不同意
	44	E4	4. 打发时间	1非常同意	2同意	3尚可	4不同意	5非常不同意
	45	E5	5. 慕名而来满足好奇心	1非常同意	2同意	3尚可	4不同意	5非常不同意
	46	E6	6. 追求好玩、新鲜感	1非常同意	2同意	3尚可	4不同意	5非常不同意
	47	E7	7. 享受观光旅游的舒适	1非常同意	2同意	3尚可	4不同意	5非常不同意
	48	E8	8. 购买及品尝当地的特产	1非常同意	2同意	3尚可	4不同意	5非常不同意
	49	E9	9. 户外学习获得田野知识	1非常同意	2同意	3尚可	4不同意	5非常不同意
	50	E10	10. 认识新朋友	1非常同意	2同意	3尚可	4不同意	5非常不同意
	51	E11	11. 考验自己的能力	1非常同意	2同意	3尚可	4不同意	5非常不同意
	52	E12	12. 与价值观相同的同伴一起来	1非常同意	2同意	3尚可	4不同意	5非常不同意
	53	E13	13. 与家人增加相处机会以增进感情	1非常同意	2同意	3尚可	4不同意	5非常不同意
	54	E14	14. 引发灵感及创造力	1非常同意	2同意	3尚可	4不同意	5非常不同意
	55	E15	15. 体能运动、恢复活力	1非常同意	2同意	3尚可	4不同意	5非常不同意
	56	E16	16. 引发怀旧与回忆	1非常同意	2同意	3尚可	4不同意	5非常不同意
	57	E17	17. 认识农业及乡土文化	1非常同意	2同意	3尚可	4不同意	5非常不同意
	58	E18	18. 体验农业生产与采摘的乐趣	1非常同意	2同意	3尚可	4不同意	5非常不同意

问题：

请你分析以上编码的类型和特点。

☞ **实训题**

请结合每个小组边学边做的市场调查项目，根据前期收集回来的问卷等数据资料完成以下工作：

（1）对资料进行审核。

（2）对资料进行编码，并录入电脑。

（3）根据调查任务、目的，选择合适的统计分析方法，对数据进行分析。

（4）以表格或图示的形式对资料进行直观反映。

第六单元

撰写调查报告

知识目标

（1）了解调查报告的作用、类型。

（2）掌握调查报告的结构。

（3）掌握调查报告写作过程。

（4）掌握调查报告撰写要求。

能力目标

（1）能够完成市场调查报告的撰写任务。

（2）能够用合适的方法方式展示调查报告。

 引例

如何写合格的市场调查报告

在市场调查课上，教师检查每个小组完成的市场调查报告。每个小组同学都有不同的选题，小组成员共同讨论调查项目、制订市场调查计划、设计问卷、分析数据，最后完成了这篇市场调查报告。第一小组的市场调查报告除了图形就是表格，很难找到文字。对于为什么没有文字分析，其回答是"市场调查报告要简洁，能用图的不用表，能用表的不用字"。第二小组的市场调查报告有图有表有文字，但所有的文字分析，只是将图形或者表格中的数字重新复述了一遍而已。这两个小组所提交的到底是不是"市场调查报告"呢？

引言

关于市场调查报告就是把所有调查得到的数据或者文字信息进行简单的罗列的想法是错误的。这就像考试一样，考试的题目绝不是平时复习资料的简单罗列，而是经过提炼、加工，既能够考察平时的知识，又能够举一反三。市场调查报告是市场调查工作最后的成果体现，无论前期做了多少工作，最后都要在调查报告中体现。但是调查报告又不是简单的资料叠加，而是经过"自下而上"地汇总，再"自上而下"的分类、分析，最后进行总体的概括和总结，才形成提交给客户的"劳动成果"。客户付给市场调查公司报酬的主要依据就是你的调查报告是否真的对所调查的问题进行了有效的分析，最后的结果和建议是否满足了客户的要求。

任务一　认识市场调查报告

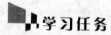 学习任务

阅读下面调查报告，认识市场调查报告的作用，思考市场调查报告的结构和内容的组成。

北京大学学生框架眼镜市场调查报告（节选）

1．课题背景及研究目的

市场调查中心对北京大学眼镜市场进行详细的市场调研，并对目前北京大学学生的现有眼镜消费状况、未来的发展趋势、蕴涵的机会等进行分析。本次调研的目的主要包括：

（1）了解北京大学学生的视力状况。

（2）了解北京大学学生的眼镜使用状况。

（3）了解北京大学学生对眼镜消费的期望。

（4）了解北京大学学生选购眼镜时的消费习惯。

（5）了解其他有关北京大学学生眼镜使用消费的信息。

2．样本采集状况

调查样本采集时间自 2004 年 4 月 15 日起，至 2004 年 4 月 30 日止；样本采集地点包括北京大学本部校区和北京大学万柳学生公寓；采样对象范围为北京人

学在读的本科生和研究生；调查的形式为问卷调查。

本次调查共计发放问卷 100 份，回收有效问卷 60 份，有效问卷比例为 60%。调查对象中，男性 39 人，占 65%；女性 21 人，占 35%。下面我们分别从被调查者的年龄、院系、经济状况这三个方面来考察一下样本的分布状况。调查对象的年龄分布如图 6-1 所示（排除缺失值后）。

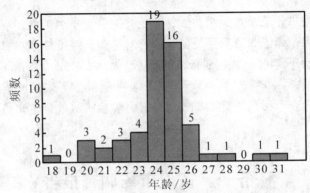

图 6-1 样本的年龄分布

观察图 6-1 可以发现，样本以 23~26 岁学生为主，基本处于本科生高年级到硕士生这一群体中。

样本的院系分布如图 6-2 所示。

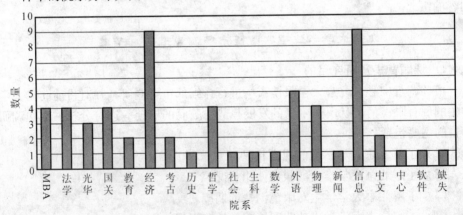

图 6-2 样本的院系分布

鉴于图 6-2 中院系比较多，不容易看清楚，按照文、理、经管三个大类划分整理后，得到图 6-3。

从图 6-3 很容易地发现：样本的分布文科学生较多，理科、经济管理类差

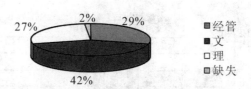

图6-3 样本的院系大类分布

别不大。

样本的经济状况分布如图6-4所示。此样本从经济状况角度观察接近于正态，分布比较理想。

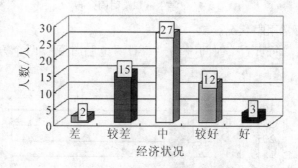

图6-4 样本的经济状况分布

3. 学生视力状况分析

（1）学生近视程度分析。

观察学生近视度数分布可以知道，学生近视度数基本属于中低度（600度及以下），高度（800度及以上）样本中为0个。见图6-5。

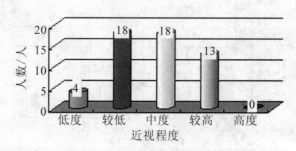

图6-5 学生近视程度分布状况

由佩戴眼镜时间分布图6-6可以看出，大部分同学具有4年以上的佩戴眼镜的经历，我们可以推断这个群体对于眼镜的消费以及使用有一定的了解。

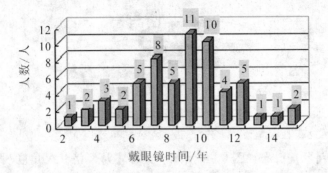

图 6-6　学生戴眼镜时间分布

（2）学生日常用眼状况。

我们分别从"每日看书时间"和"每日看电脑时间"两个方面来分析学生日常用眼状况。

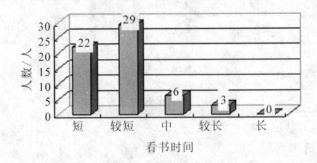

图 6-7　学生看书时间分布

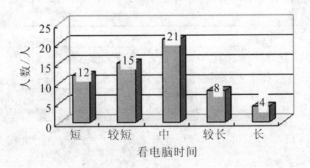

图 6-8　学生看电脑间分布

由图6-7、图6-8可以看出，大部分学生认为自己看书的时间较短，而坐在电脑前的时间较长。随着个人电脑的普及以及网络的发展，越来越多的学生把自己的时间花费在电脑前、网络中，随之而来的保护眼睛的问题值得我们注意。

无论是看书还是看电脑，总体来看学生的用眼时间是比较长的，其具体情况我们可以从"眼睛疲劳程度"和"视力下降的原因"两项调查中看出。在"眼睛疲劳程度"中，83%的学生认为自己的眼睛比较疲劳或者非常疲劳。而视力下降的原因，也多数归咎于连续看书或对着电脑时间过长。

4. 对比分析

（1）学生现有镜架价格与期望镜架价格有无明显差异。

使用 SAS 对均值相同这一假设，进行配对检验，p 值为 0.162 9，不能拒绝原假设。学生现有镜架价格与期望镜架价格并无明显差异。

（2）学生现有镜片价格与期望镜片价格有无明显差异。

使用 SAS 对均值相同这一假设，进行配对检验，p 值为 0.010 0，在 alpha = 0.05 水平下拒绝原假设。学生期望镜片价格高于现有镜片价格。

（3）镜架外形有无变更。

表 6-1

		期望镜架外形			
		圆形	椭圆形	方形	其他
现有镜架外形	圆形	0	1	1	0
	椭圆形	0	42	1	1
	方形	1	1	10	1
	其他	0	1	0	0

表 6-1 是学生对于是否变换镜架外形的分析，结合前面的分析我们可以看出，绝大多数学生选择了椭圆形或者方形的镜架，且绝大多数仍将继续选择原有外形的镜架。这说明学生对于选什么样外形的镜架已经有了选择的结果，短期内不会有很大变化。

（4）镜架材料有无变更。

表 6 - 2

		期望镜架材料		
		金属	塑料	其他
现有镜架材料	金属	36	5	8
	塑料	0	5	1
	其他	1	1	3

由表 6 - 2 可以看出，大多数学生都使用金属材料的镜架，期望也没有变化。少部分金属镜架使用者期望更换为塑料镜架，而塑料镜架使用者则全部期望继续使用原来的材料。

5. 结论

通过本次调查，我们对于北京大学学生框架眼镜市场有了基本的了解，基本上达到了预先设定的目标，了解了目前北京大学学生的眼镜消费状况、眼镜使用状况、眼镜产品未来的需求变化以及存在的问题。

归纳起来我们认为值得注意的有以下几点：

（1）多数学生把以前的读书的时间转移到了看电脑上来了，眼睛疲劳成为普遍现象。

（2）多数学生的镜片为树脂材料，但是学生对厂家所宣称的一些附加功能将信将疑。

（3）学生眼镜市场的售后服务有待提高，尤其是健康咨询、复查等服务有待提高。

（4）降价优惠仍然是对学生这个消费群体促销的最有力手段。

相关资料1

市场调查报告

市场调查报告是市场调查人员以书面形式，用文字或者图表等将调查的结果展现出来，反映市场调查内容及工作过程，并提供调查结论和建议。市场调查报告是市场调查研究成果的集中体现，其撰写的好坏将直接影响到整个市场调查研究工作的成果质量。

市场调查报告的作用：一份好的市场调查报告，能给企业的市场经营活动提供有效的导向作用，能为企业的决策提供客观依据。

市场调查报告的结构：各种市场调查报告在结构上都包括标题、导言、主体和结尾几个部分。

1. 标题

市场调查报告的标题即市场调查的题目。标题必须准确揭示调查报告的主题思想。标题要简单明了、高度概括、题文相符。如《××市居民住宅消费需求调查报告》、《关于化妆品市场调查报告》、《××产品滞销的调查报告》等，这些标题都很简明，能吸引人。标题一般有两种构成形式：

（1）公文式标题，即由调查对象和内容、文种名称组成，例如《关于2002年全省农村服装销售情况的调查报告》。值得注意的是，实践中常将市场调查报告简化为"调查"，也是可以的。

（2）文章式标题，即用概括的语言形式直接交待调查的内容或主题，例如《全省城镇居民潜在购买力动向》。实践中，这种类型市场调查报告的标题多采用双题（正副题）的结构形式，更为引人注目，富有吸引力。例如《竞争在今天，希望在明天——全国洗衣机用户问卷调查分析报告》、《市场在哪里——天津地区三峰轻型客车用户调查》等。

2. 目录

通常市场调查报告都会编制目录，对于一些较大型的市场调查项目更是要求必须具备此部分。通过目录，使人对报告包含的内容一目了然。这样，增进了报告使用者对报告的理解，也方便使用者随时根据需要进行查阅。

3. 前言

前言，是市场调查报告的开头部分，一般说明市场调查的目的和意义，介绍市场调查工作基本概况，包括市场调查的时间、地点、内容和对象以及采用的调查方法、方式。这是比较常见的写法。也有调查报告在导言中，先写调查的结论是什么，或直接提出问题等，这种写法能增强读者阅读报告的兴趣。

4. 主体部分

这是市场调查报告中的主要内容，是表现调查报告主题的重要部分。这一部分的写作直接决定调查报告的质量高低和作用大小。主体部分要客观、全面阐述市场调查所获得的材料、数据，用它们来说明有关问题，得出有关结论；对有些问题、现象要做深入分析、评论等。总之，主体部分要善于运用材料来表现调查的主题。

主体部分是市场调查报告的核心，也是写作的重点和难点所在。它要完整、准确、具体地说明调查的基本情况，进行科学合理的分析预测，在此基础上提出有针对性的对策和建议。具体包括以下三方面内容：

（1）市场调查报告——情况介绍。市场调查报告的情况介绍，即对调查所获得的基木情况进行介绍，是全文的基础和主要内容，要用叙述和说明相结合的手法，将调查对象的历史和现实情况包括市场占有情况，生产与消费的关系，产品、产量及价格情况等表述清楚。在具体写法上，既可按问题的性质将其归结为几类，采用设立小标题或者撮要显旨的形式；也可以时间为序，或者列示数字、图表或图像等加以说明。无论如何，都要力求做到准确和具体，富有条理性，以便为下文进行分析和提出建议提供坚实充分的依据。

（2）市场调查报告——分析预测。市场调查报告的分析预测，即在对调查所获基本情况进行分析的基础上对市场发展趋势作出预测，它直接影响到有关部门和企业领导的决策行为，因而必须着力写好。要采用议论的手法，对调查所获得的资料条分缕析，进行科学的研究和推断，并据以形成符合事物发展变化规律的结论性意见。用语要富于论断性和针对性，做到析理入微，言简意明，切忌脱离调查所获资料随意发挥，去唱"信天游"。

（3）市场调查报告——营销建议。这层内容是市场调查报告写作目的和宗旨的体现，要在上文调查情况和分析预测的基础上，提出具体的建议和措施，供决策者参考。要注意建议的针对性和可行性，能够切实解决问题。

5. 结论及建议

主要是形成市场调查的基本结论，也就是对市场调查的结果作一个小结。有的调查报告还要提出对策措施，供有关决策者参考。

有的市场调查报告还有附录。附录的内容一般是有关调查的统计图表、有关材料出处、参考文献等。

任务二　撰写市场调查报告

学习任务

某公司委托广州弈翔咨询服务有限公司对果冻爽市场状况进行调查，并且提交最终的市场调查报告。

相关资料1

运用金字塔原理撰写市场调查报告

运用金字塔原理撰写市场调查报告，简单地说就是指自下而上地进行思考（分析），自上而下地进行表达（写作）。

自下而上地进行思考，是指在写作市场调查报告的分析阶段，使用金字塔原理中的自下而上的逻辑推理方法。思维从最底部的层次开始，即将每一个问题收集到的信息进行分析，得出结论。然后将所有的结论放到一起进行归纳和分析，按某种逻辑关系，将相关的结论组织在一起组成一个新的分结论。然后再将多个分结论放到一起，按某种逻辑关系再次组成新的结论，这样层层归纳总结，最终形成一个中心结论。这是个进行研究问题分析的思维过程。

自上而下地进行表达，是指我们在写作和呈现市场调查报告时，使用金字塔原理中自上而下地进行表达。即先提出总的结论，然后对总结论进行层层分解，列出总结论得出的各种原因或列出总结论的各个部分的子结论。依次类推，再列出各种原因或各子结论的原因或各个分部分的子结论。采用这样的金字塔式的表达方式，是最易被读者或听众接受的逻辑展开方式。它使报告显得思维清晰，条理清楚。

这里需要指出的是，通常的情况是某一次的市场调研并不集中于解决一个中心问题，它经常是多个目的的。比如说果冻爽项目，它的目的有几个方面，第一个是消费者对果冻爽的需求是怎样的，第二个是了解消费果冻爽的顾客的行为、偏好及媒介接触习惯，第三个是了解果冻爽市场中各品牌的竞争态势，第四是目前的厂家的广告效果测试。这样的情况下就很难一个报告形成一个中心结论，就需要按目的将报告分成若干个部分，每个部分再按金字塔原理去呈现。见图6-9。

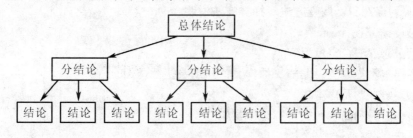

图6-9

⚡工作步骤

● 第一步：确定标题

采用公文式的标题写作方法，报告标题为：广州市果冻爽市场状况分析报告。

● 第二步：编制目录

一、项目概述

二、消费群体特征

三、消费习惯及态度研究

四、产品概念测试

五、口味研究

六、品牌名称研究

七、包装研究

八、广告研究

九、主要结论及建议

● 第三步：撰写前言

1. 调查目的概述

果冻爽案例研究目的：

（1）了解不同消费群体的购买、使用的心理和行为，发掘消费者的潜在需求，为产品的目标定位提供依据。

（2）通过分析消费群体的口味习惯和包装选择，为计划中的产品开发和组合方向提供参考。

（3）了解消费者的品牌认知、喜好、购买、忠诚等情况，分析各品牌的竞争优势和劣势，为制定品牌策略提供依据。

（4）通过目前消费者对果冻广告的接触和记忆情况的分析，了解广告的到达率和记忆程度，为广告策略提供参考。

2. 调查对象、调查方法、抽样方法说明

（1）研究设计。

①研究方法：定量研究。

②样本收集方法：非随机抽样，广州街头拦截访问。

③调研主题及样本量。

消费习惯和品牌研究：186 个样本。

口味测试：187 个样本。

包装测试：187 个样本。

（2）研究对象。

①13 ~ 20 岁。

②男女各半。

③过去 3 个月内购买并吃过果冻爽的消费者，且不少于 50% 被访者最常食用的为喜之郎 CiCi。

④符合市场研究一般条件。

3. 使用的重要概念界定说明

①重度消费者：食用果冻爽的频率在每周 3 次及以上者。

②中度消费者：食用果冻爽的频率在每月 2 至 8 次者。

③轻度消费者：食用果冻爽的频率在每月 1 次及以下者。

（资料来源：广州弈翔咨询服务有限公司研究报告）

●第四步：撰写市场调查报告主体部分

按照金字塔原理，分析过程是首先需要对最底层资料进行分析总结，然后逐层加以归类，最后得出结论。表达过程是各部分首先列出调查结论，再对原因或各子结论的得出进行阐述。

以下通过节选第四部分报告内容，着重对表达方式进行介绍。

四、产品概念测试

（一）重要结论

（1）三种新产品概念当中，果肉粒果冻爽是消费者最喜欢的产品，九成的人都有购买的意愿，其中五成的人意愿非常强烈。

（2）混合果味果冻爽也受到较多消费者的喜爱，七成的人有购买意愿，但肯定购买的人不多，只有两成。

（3）混合果蔬味是三种产品中受欢迎程度最低的产品，只有五成的消费者有购买意愿，其中表示肯定购买的人只有一成左右。

（二）具体调查数据

1. 果肉粒果冻爽概念测试

（1）绝大多数消费者对果肉粒果冻爽都有较大的兴趣，有购买意愿的人有九成左右，其中肯定购买的人有五成。

（2）无论是重度消费者还是一般的消费者，其购买意愿都非常强烈。见图 6 – 10。

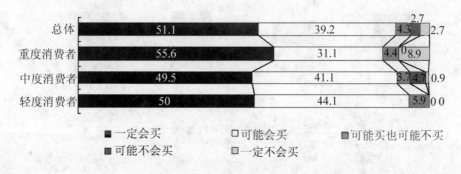

图 6 – 10　对果肉粒果冻爽的购买可能性（Base = 186，%）

2. 混合果味果冻爽概念测试

如图6-11所示。

（1）七成以上的消费者对混合果味的果冻爽都较有兴趣，其中表示一定会购买的人有二成，可能购买的人有五成多。

（2）重度消费者的购买可能性明显高于其他消费者，四成的人表示肯定会购买。

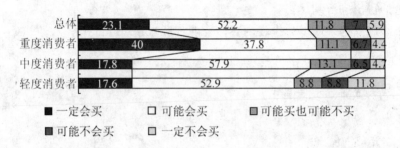

图6-11　对混合果味果冻爽的购买可能性（Base = 186）

3. 混合果蔬味果冻爽概念测试

如图6-12所示。

（1）五成的人表示会购买混合果蔬味的果冻爽，但肯定购买的人不多，只有一成左右。

（2）混合果蔬味对重度消费者的吸引力较大，两成人表示一定购买，明显多于总体情况。

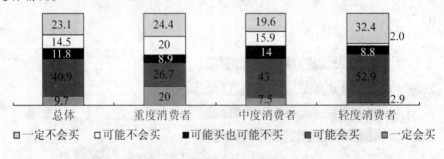

图6-12　对混合果蔬味的购买可能性（Base = 186）

相关资料2

调查报告主体的表达方式

根据调查目的，将调查报告主体分为若干部分。比如说果冻爽市场分析报告主体部分被分为以下几大板块：消费群体特征、消费习惯及态度研究、产品概念测试、口味研究、品牌名称研究、包装研究、广告研究。

每个部分的写作原则为：

（1）结论先行。

（2）接着，对得出结论的依据进行论证或呈现。

（3）对调查及分析的数据进行呈现时的基本原则是：尽量使用图形和表格来表达调查分析结果，辅之以分析的文字。文字要精练，是对图形或表格显示的数据特征进行的高度概括。

●第五步：结论和建议

结论和建议部分即是金字塔原理的最顶层，经过前面一系列分析，此时得出了最后的结论，并且在结论的基础上给出客户合理的意见和建议。

这部分内容是建立在前面资料逐层分析的基础上的。根据前面的分析过程，将主要的、有意义的结论按照金字塔原理方式逐层进行汇总；在不断汇总的基础上得出结论，并且根据结论给甲方客户提供有参考价值和意义的建议。

结论和建议部分长短不限，但是这部分内容是本次调查的关键。所有的调查都是为了得到与研究目标相关的结论，无论得到的结论是客户希望得到的，还是不希望得到的，都要实事求是。同时作为专业的市场调查公司，只有结论是不够的，要能够给客户一些合理的建议，这些建议也是建立在调查结论的基础上的。

果冻爽案例研究结论及建议：

1. 目标消费群体的特征

（1）13～18岁的男、女生。

（2）在读于小学、初中、高中的学生。

（3）喜欢看电视、上网、听音乐及逛街。

（4）平均每月零用钱在250元左右。

2. 产品概念选择建议

（1）从三个产品概念中可以看到，绝大多数消费者对果肉粒果冻爽都有较大的兴趣，同时在使用习惯的研究中也可以发现，部分消费者认为果冻爽内有果肉粒，因此而喜欢吃果冻爽，从这些方面都可以看到果肉粒果冻爽对消费者的吸引力较大。

（2）接受混合果蔬味的消费者不多，因此建议暂时不考虑发展该口味的产品。

（3）接受混合果味的消费者在七成左右，该产品可以在考虑研制之列。

（4）在三种产品概念中，建议以果肉粒果冻爽作为混合型产品的主打产品，而混合果味则作为辅助产品。

3. 口味选择及建议

（1）在总体比较中，新产品橙味略好于喜之郎橙味，但两者没有显著性的差异。在分指标当中，新产品橙味的爽滑度、甜度及稀稠还有待进一步改进。

（2）新产品的桃味与喜之郎的桃味还有较大的差距，特别是在口味相似性、甜度、酸度方面都需要进行改进。

（3）两种特殊口味当中，奇异果味得到较多的消费者喜爱，但该产品的相似性较差，四成的消费者认为该口味是苹果味。在相似性、爽滑度、稀稠度、甜度、酸度等方面都需进行改进。

4. 广告—媒体选择建议

（1）电视、报纸、网络、杂志是消费者最常接触的媒体，其次是电台。

（2）消费者接触的电视、报纸、电台及网络的品牌都较为集中，其中电视台以翡翠台为主，本港台及华娱电视为其次；报纸则以《广州日报》为主，电台则以《音乐之声》及广东音乐台为主；网站则以 QQ 为主。

（3）由于消费者所上 QQ 网以聊天对话框为主，而其他最常上的网站都较为分散，因此建议不要以网络作为一个宣传媒体。

（4）选择媒体时可以考虑"电视＋报纸"或"电视＋电台"的组合，其中电视可选择翡翠台 19 ~ 21 点的连续剧时段或周末电影或娱乐节目时段，报纸则可选择《广州日报》的娱乐版，电台可选择《音乐之声》、广东音乐台的音乐及娱乐节目等。

5. 渠道—终端渠道选择建议

（1）消费者对于购买的方便性都有较大的依赖，因此在铺货的时候应注意铺货率要高，特别是目标消费者经常去的场所必须要有货铺到。

（2）超市、货仓式大型商场是目前消费群最常购买商品的场所，因此产品必须进入该两类商店。

（3）24 小时便利店的目标消费群与本产品的目标消费群有较大的类似性，且有较多的果冻爽消费者在该类场所购买，因此该类场所也是本产品必进的终端。

⊕ 单元小结

●市场调查报告是市场调查人员以书面文字或者图表等形式将调查的结果展现出来，反映市场调查内容及工作过程，并提供调查结论和建议。是市场调查研究成果的集中体现，其撰写的好坏将直接影响到整个市场调查研究工作的成果质量。一份好的市场调查报告，能给企业的市场经营活动提供有效的导向作用，能为企业决策提供客观依据。

●市场调查报告的作用：一份好的市场调查报告，能给企业的市场经营活动提供有效的导向作用，能为企业的决策提供客观依据。

●市场调查报告的结构：各种市场调查报告在结构上都包括标题、目录、前言、主体、结论和建议几个部分。

⊕ 重要概念

市场调查报告　样本采集　金字塔原理

⊕ 基本训练

☞ 知识题

1. 市场调查报告的内容主要包括哪几个方面？
2. 自己查找一些调查资料，为其设计合理的图示。

⊕ 观念应用

☞ 案例分析题

大学生诺基亚手机品牌调查报告（部分）

调查对象的性别分布如例图 1 所示：

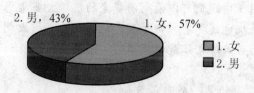

例图 1　样本性别分布

观察例图 1 可以发现，样本以女生为主，但男生与女生相差不远。调查对象所在年级的分布如例图 2 所示：

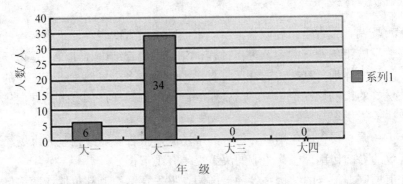

例图 2　样本年级分布

由例图 2 可以看出，样本数量主要集中在大二，大一只有少量，而大三、大四的样本数量为零。

1. **诺基亚品牌在大学生心中的印象**

（1）提起手机时想到的品牌。

数据如例图 3 所示：

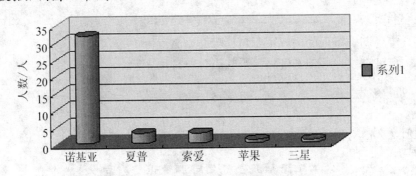

例图 3　提起手机时想到的品牌

分析：从例图 3 中我们可以看到消费者的选择大多集中在"诺基亚"上，当然，其他品牌的手机也还是有一定的顾客认知度的。这表明在消费者心目中"诺基亚"手机品牌的名声印象是最为深刻的，诺基亚的品牌知名度相对于其他品牌最为响亮。

（2）关于诺基亚的第一个形容词。

听到诺基亚手机时第一个浮现在你脑中的形容词的情况如例图 4 所示。

分析：从例图 4 中可看出被调查者对诺基亚品牌手机的形容多集中于"耐摔"的形象。这说明诺基亚生产厂商在质量方面还是严格把关，生产制造满意产

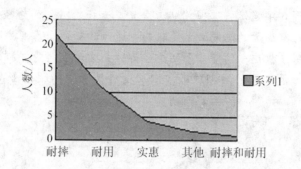

例图4　听到诺基亚手机时，第一个浮现在你脑中的形容词

品，消费者对诺基亚品牌手机的质量还是较为信赖的，在消费者的心目中树立了良好的质量品牌形象。

2. 大学生购买手机的来源及渠道

（1）大学生购买手机钱的来源。

分析：从例图5中可知，大学生购买手机的资金来源多为父母资助，也有少数学生购买手机的资金来源是靠自己做兼职或是从其他辅助途径获得。

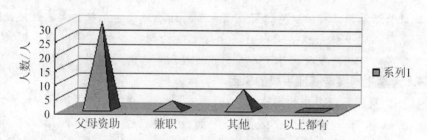

例图5　购买手机钱的来源

（2）购买诺基亚手机的途径。

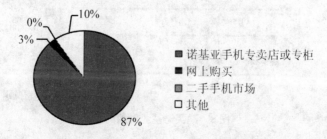

例图6　购买诺基亚手机的途径

分析：例图6中显示，选项"从专卖店或专柜购买"的途径是最为多数消费者所选择的，还有少量的消费者也是从其他途径购买到诺基亚品牌手机的。这说明大学生在购买手机这一消费方面还是多为倾向于追求消费保障，以期希望货损有人修，注重质量保修的后期服务，以及支持购买正版诺基亚品牌手机的消费心理。

（3）了解诺基亚手机的途径。

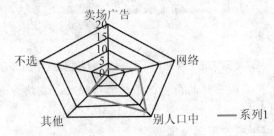

例图7　了解诺基亚手机的途径

从例图7中可知，消费者选择从"别人口中"得知诺基亚品牌手机的几率最大，从"网络"和"其他"途径得知的几率较低，而从"卖场广告"了解的最少。这说明诺基亚品牌的口碑较好，消费者对诺基亚品牌手机的满意致使他们愿意将诺基亚品牌手机介绍给亲人好友，这无疑为诺基亚的宣传增添了强大的力量。消费者的宣传力量为诺基亚品牌的宣传起到了很大的作用。

3. 大学生购买诺基亚手机的原因

（1）购买诺基亚考虑的因素。

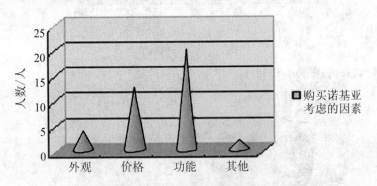

例图8　购买诺基亚考虑的因素

从例图8中可看出大学生喜欢的手机类型中，"智能手机"是最受欢迎的，游戏手机位居第二，音乐手机和商务手机的受欢迎程度较低。从数据中可得出大学生购买手机主要还是用于务实方面的消费，追求的是更高、更多全面性能的手机要求。智能化的手机将会越来越受消费者所青睐，这为市场的供需方向提供了很有意义信息。

（2）诺基亚手机类型分析图。

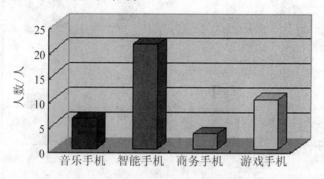

例图9　喜欢诺基亚的类型

如例图9所示，消费者购买诺基亚考虑的因素主要有四种，消费者购买诺基亚手机时主要考虑手机的功能，其次是手机的价格，再次是手机的外观。手机的功能是消费者决定购买的主导因素。消费者注重的是手机内在的品质功能，以及要在自己的能力承受范围之内来购买品牌手机，是消费者求实消费心理的典型表现。而手机的外观是作为较次要的因素来作考虑的，外观对手机的选择购买有一定的影响，但影响较低，这是消费者的明智选择。

（3）购买诺基亚手机能接受的价格范围。

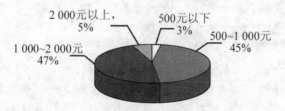

例图10　购买诺基亚手机能接受的价格范围

见例图10中数据可知，大学生能接受的手机价格多集中在"500～1 000元"和"1 000～2 000元"这两个范围之内，更低或更高的价位手机都较为少的消费者选择。这说明当代大学生对手机的消费选择是较为理性和求实的，不会过分追求高价位的品牌手机。选择较低价位的手机的情况也是较少的，这可能是受个别的经济情况因素影响。

（4）继续选择诺基亚的原因。

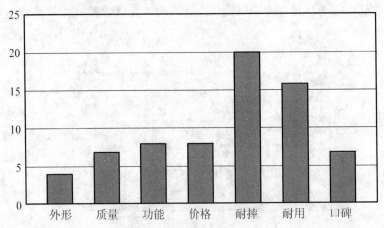

例图 11　继续选择诺基亚的因素

从调查问卷分析中可以得出，人们在未来继续选择诺基亚的因素很多，有手机外形、质量、功能、价格等多种因素，其中因诺基亚耐摔而继续选择的人数占了 26%，耐用占了 21%，价格和功能均占了 10%，其次就是口碑、质量、外形等因素。

4. 其他有关大学生诺基亚手机品牌的信息

（1）对诺基亚售后服务的评价。

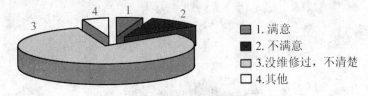

- 1.满意
- 2.不满意
- 3.没维修过，不清楚
- 4.其他

例图 12　对诺基亚售后服务评价

如例图 12 中选项"没维修过，不清楚"的选择是比例最高的，其他选项的比例都很低。这说明了诺基亚手机的品牌质量很好，维修情况很少，以致人们对售后维修服务评价较少。这从侧面说明了诺基亚品牌手机值得信赖，质量还是有很好的保障的。

（2）不满意的原因。

由例图 13 可以看出，大部分学生对手机的维修服务表示不满意，其次是咨询服务、销售服务、技术服务。所以销售方要改善其售后服务。

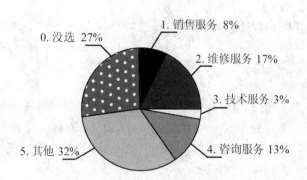

例图13 不满意的原因

结论：

1. **学生比较重视诺基亚手机的质量**

消费者对质量的要求最高，手机是日常的通讯工具，如果质量不好，将会给消费者带来极大的不便。另外，部分消费者对外观款式要求也较高，手机厂商不断推出新款很大程度上是迎合他们的口味，由于大学生都是年轻人。随着人们生活水平的提高，以及持手机者年龄的下降，消费者对价格的敏感度会降低，而对外观款式的要求会更高。

2. **中低档诺基亚手机较受欢迎**

在手机价格的调查中，我们发现大学生比较倾向于 1 000～2 000 元的价位，其比例高达47%。另外，有45%的消费者表示会选择 1 000 元以下的手机。当然，也有部分消费者购买高价位手机，其中，2 000 元以上的占5%。

3. **购机地点较集中**

对消费者购买手机地点的调查发现，消费者购买手机的地点较为集中，大体上分布在手机大卖场和品牌专卖店，其比例为87%。手机是高科技产品，普通消费者难以了解其功能是否完善、质量是否可靠，他们只好以销售人员的信用和专业知识作为判断标准，而手机大卖场或品牌专卖店的销售人员素质相对较高，因而容易赢得消费者的信任。此外手机大卖场的价格优势也是学生朋友们考虑的重要因素。

问题：

1. 请分析这份报告图表使用中有哪些问题？应该如何改正？

2. 请分析这份报告对于问题的分析中，存在哪些问题？应该如何修改？

☞ **实训题**

本实训活动是结合每个小组边学边做的市场调查项目，进行全过程的实操，实训成绩计入平时成绩，作为考试的重要依据，需要完成的实训活动是：

1. 请同学们以小组为单位，每个小组（6～8人）完成所在高校大学生使用手机情况的问卷设计、资料收集，获取详细信息，将调查资料进行详细整理、分析，撰写一份大学生使用手机情况调查报告，要求每个小组提交一份大学生使用手机情况调查报告。

2. 请同学们以小组为单位，每个小组（6～8人）完成一份所在城市房地产市场的问卷设计、资料收集，获取相关的一手和二手资料，将资料进行详细整理、分析，撰写一份房地产市场情况调查报告，要求每个小组提交一份房地产情况调查报告。

附录 1

广州交通出行满意度研究座谈会招募问卷

受邀人姓名：＿＿＿＿＿＿＿　　　联系电话：＿＿＿＿＿＿＿

受邀人家庭地址：＿＿＿＿＿＿＿＿＿＿＿＿＿＿＿＿＿＿

邀访人：＿＿＿＿＿＿＿　　　　　邀请日期：＿＿＿＿＿＿＿

确认人：＿＿＿＿＿＿＿　　　　　一次确认日期：＿＿＿＿＿＿＿

确认人：＿＿＿＿＿＿＿　　　　　二次确认日期：＿＿＿＿＿＿＿

根据项目需要，按照常用交通工具和收入座谈会可分为两种类型：

出行类型配比：

出行类型	拥有私家车	乘坐地铁	乘坐公交车出行
组数	至少 1 组	至少 1 组	至少 2 组

家庭收入分布：（均有所覆盖，其中以 4 000 ~ 10 000 元为主）

家庭收入水平	6 000 元以下	6 001 ~ 10 000 元	10 001 元以上
组数	至少 1 组	至少 2 组	至少 1 组

您好，我是××调查公司的访问员，受广州交通委员会的委托，我们正在进行一项关于公交满意方面的研究，我们希望能邀请您参与我们的研究，和您共同讨论一些公交出行方面的问题，为了保证研究的科学性，我们对参与者有一定的要求，因此想了解您的一些情况，可能会占用您几分钟时间，希望能够得到您的支持，谢谢您的合作！

Q1. 请问您在本市居住多少年了？

不到 2 年 ………………………………… 1	→	终止访问，表示感谢
2 年及 2 年以上 ………………………… 2	→	继续访问

Q2. 请问您平时出行最常选择的交通工具是：

公交车 ·· 1
地铁 ·· 2　→继续访问
私家车 ··· 3

其他·· →终止访问，表示感谢

Q3. 请问您的实际年龄是多少岁呢？_____（记录实际年龄）

23 岁以下 ·· 1　→终止访问

24 ~ 28 岁 ·· 2
29 ~ 34 岁 ·· 3
35 ~ 39 岁 ·· 4　→继续访问
40 ~ 44 岁 ·· 5
45 ~ 50 岁 ·· 6

50 岁以上 ··· 7　→终止访问

Q4. 请问您的学历是：

高中及以下 ··· 1
大专 ·· 2
本科 ·· 3　→继续访问
研究生及以上 ·· 4

Q5. 请问您家庭平均每月的收入水平相当于下面哪一个档次（这里的收入包括您家人的工资、奖金、红利、股票收入或者其他的兼职收入）。

A1. 4 000 元以下 ···································· 1
A2. 4 000 ~ 5 000 元 ······························ 2
A3. 5 001 ~ 6 000 元 ······························ 3
A4. 6 001 ~ 8 000 元 ······························ 4　→表示感谢，继续访问
A5. 8 001 ~ 10 000 元 ···························· 5
A6. 10 001 元以上 ·································· 6

无固定收入 ··· 7
拒答（不读出） ···································· 8　→表示感谢，终止访问

Q6. 请问您的职业：

高层管理人员 ……………………………… 1
中层管理人员 ……………………………… 2
办公室一般职员（非管理人员）………… 3
专业人员（教师/科研/医生/技术人员）… 4　→继续访问
普通勤杂/生产运输工人等从事体力劳动者 … 5
服务业从业人员 …………………………… 6
自由职业者（律师/记者/文艺工作者）… 7
个体业主 …………………………………… 8

离退休 ……………………………………… 9
学生 ………………………………………… 10　→表示感谢，终止访问
下岗/失业/待业 ………………………… 11
其他 ………………………………………… 12

Q7. 请问您本人或您的家庭成员以及您的亲密朋友中，有没有人在以下单位工作呢？

市场调查公司/公司的市场调查部门 ……… 1
广告公司/公司的广告部门 ………………… 2　→表示感谢，终止访问
地铁、汽车公司、铁路等交通运输公司 … 3

以上都没有 ………………………………… 4　→继续访问

感谢您的合作，您的家庭比较适合参与我们的研究，聊一聊有关广州公交满意度的话题。××作为一家研究性质的机构，会经常邀请不同的人进行相关研究。如果您可以接受，为了感谢您对我们这次研究活动的支持，我们会支付一定的报酬，如果时间允许的话，我非常希望能够邀请你们全家一起深入地了解大众的建议，您有兴趣吗？

可以 …………………………　→太好了，请您留一下您的电话及具体通讯地址，过几天我们会与您电话联系，并与您进行具体访问时间的确认。（请记录在问卷首页）谢谢，再见！

没兴趣 …………………… 2　→终止访问，表示感谢

附录2

广州公交满意度调查

一审：_____   二审：_____   复核：_____

问卷编号：_____

地区配额（单选）：

天河区	1
越秀区	2
荔湾区	3
海珠区	4
白云区	5
黄埔区	6
萝岗区	7
南沙区	8
花都区	9
番禺区	10
从化市	11
增城市	12

尊敬的先生/小姐：

您好！我是广州豪森威市场研究公司的访问员，我们正在进行一项广州交通出行需求的调研，很想听听您的意见。占用您一点时间，谢谢您的合作！

访问记录	被访者情况	被访者姓名			
		联系电话			
		名单编号			
	访问情况	访问员姓名		访问员编号：	
		访问开始时间	月　　日　　时　　分		
		访问结束时间	月　　日　　时　　分		

甄别部分

S1. 请问您本人/家人/亲朋好友中，有没有在以下所列举的地方工作呢？（复选）

	S1（复选）	
市场调查/咨询公司	1	
电台/电视台/报社/杂志社等媒介	2	终止访问
地铁/公交/航空公司/铁路等交通运输公司	3	
以上皆无	99	继续访问

S2. 请问在过去 3 个月内，您有没有参加像我这样类似的访问呢？（单选）

有	01	终止访问
没有	02	

S3. 请问您的实际年龄是多少？（单选）

12 岁以下	1	终止访问
12~18 岁	2	
19~22 岁	3	
23~30 岁	4	
31~40 岁	5	
41~50 岁	6	
51~65 岁	7	
66~80 岁	8	
81 岁以上	9	终止访问

选择交通工具的影响因素

注：以下访问将会涉及"出行"这个词语。这里的"出行"指的是：具有某种目的、在住宅区或单位院子以外的道路上步行时间超过 5 分钟或使用交通工具出行距离超过 500 米，包括回程只算一次出行。

A1. 请问您近 3 个月，周一至周五最常出行到达的地方是广州市的哪个区？（单选）

内　　容	选　　项
天河区	1
越秀区	2
荔湾区	3
海珠区	4
白云区	5
黄埔区	6
萝岗区	7
南沙区	8
花都区	9
番禺区	10
从化市	11
增城市	12

A2. 请问您周一至周五出行的主要目的有哪些？还有吗？（复选，选最主要的3项）

内　　容	选　　项
上学	1
接送孩子上学/放学	2
上班	3
公务	4
购物	5
娱乐	7
旅游	8
探亲访友	9
其他（请注明：　　　　）	98
不知道/无	99

A3. 请问您周一至周五出行时，最常使用的交通工具是什么？（单选）

内　　容	选　项
公交车	1
出租车	2
地铁	3
自行车	4
私家车	5
单位班车	6
摩托车	7
火车	8
飞机	9
长途巴士	10
其他（请注明：　　　　　）	98
不知道/无	99

A4. （读出选项）请问您选择此种交通工具最主要的原因有以下哪些？还有别的原因呢？（复选，不多于 3 项）

内　　容	选　项
站点离住的地方近	1
候车时间短	2
不塞车	3
不用转车	4
快速便捷，所用的时间最短	5
较安全	6
不会拥挤，比较舒适	7
价格较便宜	8
较准时	9
其他（请注明：　　　　　）	98
不知道/无	99

A5. 请问近三个月，您周末最常出行到达的地方是广州市的哪个区？

内　　容	选　　项
天河区	1
越秀区	2
荔湾区	3
海珠区	4
白云区	5
黄埔区	6
萝岗区	7
南沙区	8
花都区	9
番禺区	10
从化市	11
增城市	12

A6. 请问您周末出行的主要原因有哪些？还有呢？（复选，不多于 3 项）

内　　容	选　　项
上辅导班	1
接送孩子上辅导班	2
上班	3
公务	4
购物	5
看病	6
娱乐	7
旅游	8
探亲访友	9
其他（请注明：　　　　　）	98
不知道/无	99

A7.　请问您周末出行时用的交通工具与周一至周五用的交通工具是否相同？（单选）

相同	1	跳至 A10
不相同	2	

A8.　请问您周末出行时，最常使用的交通工具是什么？（单选）

内　　容	选　项
公交车	1
出租车	2
地铁	3
自行车	4
私家车	5
单位班车	6
摩托车	7
火车	8
飞机	9
长途巴士	10
其他（请注明：　　　　　）	98
不知道/无	99

A9.　（读出选项）请问您周末选择此种交通工具最主要的原因有哪些？还有吗？（复选，选最主要的 3 项）

内　　容	选　项
站点离住的地方近	1
候车时间短	2
不塞车	3
不用转车	4
快速便捷，所用的时间最短	5
较安全	6
不会拥挤，比较舒适	7

续上表

内 容	选 项
价格较便宜	8
较准时	9
其他（请注明：　　　　　）	98
不知道/无	99

A10. 请问您近 3 个月以来，平均每月出行的费用是多少元？（请注明，精确到整数位）

对常用交通工具的满意度测评部分

[访问员读出：接下来的问题请您根据您的自身体会或感受进行回答，您的回答没有对错之分，我们会如实进行记录！请您用 10 分制给广州市内使用的交通工具打分。1 分表示最差，10 分表示最好，如果没有接触过请选 99。]

T1. 请问您觉得广州地铁提供的产品和服务质量怎么样呢？请给一个评价。

1	2	3	4	5	6	7	8	9	10	99

T2. 请问您觉得广州公交车提供的产品和服务质量怎么样呢？请给一个评价。

1	2	3	4	5	6	7	8	9	10	99

T3. 总体来说，您给广州长途巴士提供的产品和服务质量打几分？

1	2	3	4	5	6	7	8	9	10	99

T4. 请问您觉得广州出租车提供的产品和服务质量怎么样呢？请给一个评价。

1	2	3	4	5	6	7	8	9	10	99

T5. 就您所乘坐过的火车而言，您觉得它提供的产品和服务质量可以得几分呢？

1	2	3	4	5	6	7	8	9	10	99

T6. 总体来说，您对所乘过的飞机提供的产品和服务质量评几分呢？

1	2	3	4	5	6	7	8	9	10	99

T7. 请问您是否拥有私家车？

是	1	继续访问
没有	2	跳至 Q1

T8. 总体来说，您觉得在广州开私家车的感受怎么样？请给一个评价。

1	2	3	4	5	6	7	8	9	10

广州公交满意度评价部分

Q1. 请问您上周是否乘坐过广州公交车？

是	1	继续访问
否	2	跳至 B1

Q2. 请问您给广州公交车所提供服务打多少分（包括服务设施、人员服务、信息服务等方面）？1 分最差，10 分最好。

1	2	3	4	5	6	7	8	9	10

Q3. 总体来说，请问您怎么评价广州公交的车辆设备设施？1 分最不满意，10 分最满意。

1	2	3	4	5	6	7	8	9	10

Q4. （读出选项）您认为对广州公交的车辆设备方面存在以下哪些问题？还有吗？（复选，不多于 3 项）

内　　容	选　项
车门开关不灵活	1
车内扶手不稳	2
车内广播声音嘈杂	3
车内报站系统声音很小	4
车内没有垃圾桶	5
车内移动电视方面问题	6
车内空调方面问题	7
座椅不够舒适	8

续上表

内　　容	选　项
车厢容量太小	9
羊城通打卡系统问题	10
其他（请注明：　　　　　）	98
不知道/无	99

Q5. 总体来说，请问您怎么评价广州公交的站点服务（包括站点信息查询、候车舒适度、人员服务态度等方面）？1分最不满意，10分最满意。

1	2	3	4	5	6	7	8	9	10

Q6. （读出选项）您认为广州公交的站点服务方面最主要的问题是什么？（单选）

内　　容	选　项
站牌上显示的候车信息不准	1
站牌上看不到公交线路	2
候车时没有位置坐	3
候车时的座椅不舒适	4
候车点不能遮光避雨	5
不按时发车	6
其他（请注明：　　　　　）	98
不知道/无	99

Q7. 请问您乘坐公交时，会看公交车上的移动电视吗？

会看	1	继续访问
没留意	2	跳至 Q10

Q8. 请问您给广州公交车上的移动电视打多少分（包括节目内容、视频清晰效果、音效等方面）？1分最差，10分最好。

1	2	3	4	5	6	7	8	9	10

Q9.（读出选项）请问您认为公交车上的移动电视最主要的问题是什么？（单选）

内　　容	选　　项
电视节目不好看	1
电视音量太小	2
电视信号不好	3
电视不清晰	4
电视节目不够丰富	5
屏幕太小	6
屏幕太偏，看不见	7
其他（请注明：　　　　　）	98
不知道／无	99

Q10．请问您对广州公交车上的空调系统怎么评价（包括温度、湿度、通气度等方面）？1 分最差，10 分最好。

1	2	3	4	5	6	7	8	9	10

Q11．（读出选项）您认为广州公交上的空调系统最主要的问题是什么？（单选）

内　　容	选　　项
不能根据天气调整空调温度	1
空调通风系统不佳	2
车内湿度不够	3
空调常坏	4
空调时开时不开	5
其他（请注明：　　　　　）	98
不知道／无	99

Q12．总体来说，请问您怎么评价广州公交人员的服务（包括着装、态度、驾驶技术、停靠站合乎规矩、按时发车等方面）？1 分最不满意，10 分最满意。

1	2	3	4	5	6	7	8	9	10

Q13. 您乘车时是否遇到过人还没完全上（下）车，司机就开车的呢？（单选）

经常有	1
偶尔	2
没有	3

Q14. （读出选项）您认为广州公交人员服务方面主要的问题有哪些？还有吗？（复选，不多于 3 项）

内　容	选　项
人员不统一着装	1
人员着装不整齐、不规范	2
司机开车不稳当，车内摇晃厉害	3
司机开车时不专注，与人聊天、打电话	4
工作人员服务不热心，态度差	5
工作人员不熟悉路线和业务	6
司机报站不及时、不准确	7
司机操作不规范（不到站停车、行车时不关门等）	8
车辆停靠时没有留足够时间给乘客上下车	9
开关门前、拐弯时没有语音提示	10
其他（请注明：　　　　　　　）	98
不知道/无	99

Q15. 总体来说，请问您怎么评价广州公交的信息服务（包括站点信息、报站信息、安全提示、投诉电话等方面）？1 分最不满意，10 分最满意。

1	2	3	4	5	6	7	8	9	10

Q16. （读出选项）请问您希望广州公交能提供哪些信息服务？还有吗？（复选）

内　　容	选　项
能通过站牌上的信息查询出行公交车路线（包括换乘）	1
能清楚每趟车的发车间隔时间	2
能了解每趟公交实时到站时间	3
保护财产安全的提示	4
投诉电话信息	5
温馨提示（让座、报站、转弯）	6
灭火器、安全锤等工具的具体位置有明显标示	7
塞车时的解释及解决办法	8
其他（请注明：　　　　　　　）	98
不知道/无	99

Q17. 总体来说，请问您怎么评价乘坐广州公交的舒适度（包括座位、拥挤程度、空气质量、室温、卫生等方面）？1 分最不满意，10 分最满意。

1	2	3	4	5	6	7	8	9	10

Q18. 请问您遇到过非常拥挤的时候吗？

经常有	1
偶尔	2
没有	3

Q19. （读出选项）您怎样评价广州公交舒适度在以下各方面的表现呢？10 分制评价，1 分表示很不满意，10 分表示很满意。

内　　容	选　　项										
座位舒适	1	2	3	4	5	6	7	8	9	10	99
空间（拥挤程度）	1	2	3	4	5	6	7	8	9	10	99
室温	1	2	3	4	5	6	7	8	9	10	99
室内空气质量	1	2	3	4	5	6	7	8	9	10	99
卫生情况（包括车厢外观、车内整洁等方面）	1	2	3	4	5	6	7	8	9	10	99

Q20.（读出选项）您认为目前广州公交的车辆卫生方面存在以下哪些问题？还有吗？（复选）

内　　容	选　　项
车辆外观不整洁、不干净	1
车身有明显的碰撞痕迹	2
挡风玻璃、车窗玻璃、车后玻璃有明显破裂	3
车厢地板上有灰尘、垃圾等	4
窗户有积尘、污垢	5
车厢座椅不干净	6
其他（请注明：　　　　　）	98
不知道/无	99

Q21. 请问您坐公交是否使用过羊城通？（单选）

是	1	继续访问
否	2	跳至 Q24

Q22. 总体来说，请问您怎么评价搭乘广州公交使用羊城通的便利性（打卡、充值等方面）？1 分最不满意，10 分最满意。

1	2	3	4	5	6	7	8	9	10

Q23.（读出选项）请问您认为影响羊城通使用的便利性最主要的问题是什么？（单选）

内　　容	选　　项
羊城通打卡器打错价格	1
羊城通读卡器的信号不够强	2
羊城通充值不方便	3
羊城通余额不多时没有提示	4
其他（请注明：　　　　　）	98
不知道/无	99

Q24. 总体来说，请问您怎么评价搭乘广州公交的便利性（包括公交线路、

站点设计、转车、公交地铁接驳、时间耗费、准点率等方面)？1 分最不满意，
10 分最满意。

1	2	3	4	5	6	7	8	9	10

Q25.（读出选项）您认为目前搭乘广州公交出行的有哪些不方便？还有吗？
（复选）

内　　容	选　　项
距离很近，却没有直达公交车	1
需要转很多趟车才能到达目的地	2
公交站离住的地方很远	3
候车时间很长	4
所需要的候车时间不确定	5
车辆发车不准时	6
经常塞车	7
首末班车时间不合理，不能满足您出行的需要	8
不能直接接驳地铁	9
羊城通充值不方便	10
其他（请注明：　　　　　　　）	98
不知道/无	99

Q26.（读出选项）从到达车站时算起，请问您所能接受的最长候车时间是
多少分钟？（单选）

内　　容	选　　项
10 分钟以内	1
10 ~ 20 分钟	2
20 ~ 30 分钟	3
30 分钟以上	4
其他（请注明：　　　　　　　）	98
不知道/无	99

Q27.　总体来说，请问您怎么评价搭乘广州公交的安全性（包括人身安全和

财产安全两方面)？1 分最不满意，10 分最满意。

1	2	3	4	5	6	7	8	9	10

Q28.（读出选项）请问您遇到过车辆严重超载的时候吗？（单选）

经常有	1
偶尔	2
没有	3

Q29.（读出选项）请问您是否遇到过车辆没完全靠站就停车，并开门上下客的情况？（单选）

经常有	1
偶尔	2
没有	3

Q30.（读出选项）您认为目前广州公交的安全性方面主要有哪些问题？还有吗？（复选，不多于 3 项）

内　容	选　项
司机违章驾驶	1
扶手不结实导致受伤	2
司机刹车或拐弯过猛导致受伤	3
财产被窃	4
空间封闭容易导致疾病传染	5
司机超载	6
司机驾车时与人聊天、接打电话等	7
车内没有灭火器	8
车内没有救生锤	9
其他（请注明：　　　　　　）	98
不知道/无	99

Q31. 请问您是否知道车辆内灭火器的具体位置？

是	1
否	2

Q32. 请问您是否知道车辆内救生锤的具体位置？

是	1
否	2

Q33. 您怎样评价广州公交费用呢？10 分制评价，10 分表示很满意，1 分表示很不满意。

1	2	3	4	5	6	7	8	9	10

Q34.（读出选项）您怎样评价广州交通费用在以下各方面的表现呢？10 分制评价，10 分表示很满意，1 分表示很不满意。（横项单选）

内　容	评　分										
费用合理程度	1	2	3	4	5	6	7	8	9	10	99
费用可接受程度	1	2	3	4	5	6	7	8	9	10	99
羊城通折扣的满意程度	1	2	3	4	5	6	7	8	9	10	99
月票定价的合理程度	1	2	3	4	5	6	7	8	9	10	99

Q35. 请问您近三个月，平均每月用于公交出行的费用是＿＿＿＿＿＿元。（请注明，精确到整数位）

背景资料调查

B1. 请问您来广州有＿＿＿＿＿＿年了（精确到整数位）。

B2.（读出选项）请问您的文化程度是什么？（单选）

小学或以下	1
初中	2
高中/中专/职中	3
大专	4
本科及以上	5

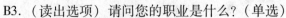

B3. （读出选项）请问您的职业是什么？（单选）

企业/事业单位领导（公务员干部）	1
企业/事业单位一般职工（公务员科级以下）	2
专业人士（医生/律师/教师/工程师等）	3
个体户/私营业主	4
一般技术人员	5
外资/合资企业管理人员	6
外资/合资企业一般职工	7
私营企业管理人员	8
私营企业一般职工	9
自由职业者	10
家庭主妇	11
学生	12
下岗/待业/兼职人员	13
离休/退休	14
其他请注明：（　　　　　）	98

B4. 请问您的家庭月收入大约是多少？这里所指的月收入包括工资、分红、奖金等（单选）

1 000 元以下	1
1 001～3 000 元	2
3 001～6 000 元	3
6 001～10 000 元	4
10 001～14 000 元	5
14 000 元以上	6
拒绝回答/不清楚	99

B5. 访问员记录被访者的性别（单选）

男 …………………………………………………………… 1

女 …………………………………………………………… 2

B6. （访问员自填，自行判断）访问过程中被访者有没有主动提出对广州公交的建议、意见或抱怨？

有，比较多 ……………………………………………… 1

有，但很少 ……………………………………………… 2

没有 …………………………………………………… 3

非常感谢您对我们工作的支持，若有什么问题，我们再电话联系您，谢谢！

附录3

神秘客店内检查一览表

店名：_____   到店日期：_____   星期：_____
到访时间：早上：_____点，下午：_____点，晚上：_____点
检查员姓名：_____

检查点：

1. 设备（20分）

（1）停车场（4分）。

①停车位是否安排有序，方便停车？是____（2分），否____。

②停车场指示牌指示是否清楚？是____（2分），否____。

（2）厕所（8分）。

①是否有臭味？是____，否____（2分）。

②垃圾桶是否满出？是____，否____（2分）。

③地上是否有垃圾？是____，否____（2分）。

④地板是否湿湿的？是____，否____（1分）。

⑤是否有厕所"故障"情形？是____，怎么样的情形？_____；否____
（1分）。

（3）手推车（8分）。

①有无发现垃圾在推车内？是____，否____（3分）。

②有无发现推车被到处乱放的情形？是____，否____（3分）。

③推车有无故障的情形？是____，哪一方面故障？_____；否____（2分）。

2. 卖场布置（10分）

（1）您对店内布置物整体感觉如何？很热闹/很好____（5分），还可以
（3分），没什么特别____（1分），太乱太杂____，其他意见_____。

（2）店内POP有无破损未更换的情况？有____，没有____（3分）。

（3）店内其他宣传道具是否杂乱无章，例如气球、宣传板？是____，否____
（2分）。

3. 商品（30分）

（1）是否容易找到您所要购买的商品？是____（7分）；否____，什么商品
找不到？_____。

(2) 对您购买的商品, 是否容易找到商品价格牌? 是＿＿ (7分), 否＿＿。

(3) 是否容易找到您所要的DM商品吗? 是＿＿ (8分); 否＿＿, 什么商品找不到? ＿＿＿＿＿。

(4) 您要找的DM商品是否有缺货的情形? 是＿＿; 否＿＿ (8分), 什么商品缺货? ＿＿＿＿＿。

4. 服务 (40分)

(1) 入口处 (4分)。

入口处服务人员态度是否亲切? 是＿＿＿; 否＿＿＿, 怎么觉得不亲切? ＿＿＿＿＿。

(2) 推车人员 (4分)。

推车人员是否鲁莽地推着车子穿越人群? 是＿＿＿, 怎么样的状况＿＿＿＿; 否＿＿。

(3) 杂货部门 (4分)。

①当您买的商品缺货时, 是否满意员工的答复及态度? 是＿＿; 否＿＿, 怎么样的情形令您不满意＿＿＿＿。

②因不知道价格而询问员工时, 是否满意员工给您的答复及态度? 是＿＿; 否＿＿, 怎么样的情形令您不满意? ＿＿＿＿＿。

(4) 生鲜部门 (4分)。

①当您买鸡或鱼时, 要求员工帮您处理 (切片、切块、去鳞), 是否满意他们的处理方式及态度? 是＿＿; 否＿＿, 怎样令您不满意? ＿＿＿＿＿。

②当您买鱼并要求员工给您冰块时, 是否满意他们的答复及态度? 是＿＿; 否＿＿, 怎样的情形令您不满意? ＿＿＿＿＿。

(5) 五金部门 (4分)。

当您要买一张新上市的音乐专辑或图书时, 现场找不到, 是否满意员工的态度及处理方式? 是＿＿; 否＿＿, 怎么样令您不满意? ＿＿＿＿＿。

(6) 家电部门 (4分)。

①当您需要协助时, 是否可找到服务人员协助? 是＿＿; 否＿＿。

②销售员是否主动向您解说电器的功能? 是＿＿; 否＿＿。

③询问电器如DVD、电视或洗衣机功能时, 员工的答复是否令您满意? 是＿＿; 否＿＿, 如何令您不满意? ＿＿＿＿＿。

(7) 服饰部门 (4分)。

当您没找到适合您的尺寸, 向服务人员询问时, 是否满意他们的答复及态度? 是＿＿, 否＿＿, 怎样的答复? ＿＿＿＿＿。

(8) 收银台 (6分)。

①当您拿着未过磅的水果去收银台结账时，收银人员如何处理？他们的处理方式是否令您满意？是____，否____，如何处理？_____。

②当您结账时，有多少人在等待结账？_____

③等候时间多久？_____，您是否能接受此等候时间？是____，否____。

（9）服务中心（6分）。

①当您要求退货时，服务人员的处理方式您是否满意？是____；否____，如何令您不满意？_____。

②当您向服务中心人员表示没收到 DM，并要求希望收到 DM 时，他们的处理态度是否令您满意？是____；否____，如何令您不满意？_____。

③当您有问题向服务中心询问时，是否等待许久？是____，多久？_____；否____。

如您今天有遇到上述没列出的不满意之处，请陈述之：_____。

卖场营销：From EMKT.com.cn。企划部联络人：×××，电话：020-××××××，分机：×××，传真：020-××××××，地址：××市××路××号，E-mail：

附录4

小组座谈会小结报告

项目编号：　　　　　　项目经理：　　　　　收任务书时间：
项目名称：　　　　　　项目督导：　　　　　会议实施时间：

到会情况表

预定人数/人	预约人数/人	出席人数/人	不符合条件数/人	迟到人数/人	入会率/%

项目出现的情况及处理、建议：

本次座谈会项目出现的一些情况：

对出现的问题及意外的处理：

座谈会被访者背景资料

1. 目的
（1）让没有参加座谈会的人读了记录会有身临其境的感觉。
（2）便于座谈会结束后，进行结果的分析总结。
2. 要求
逐字逐句情境记录。
3. 记录方式
（1）完成座谈会记录封面。包括项目名称、地点、时间、场次、到会者的座次及背景资料（见座谈会记录封面附页），这些记录应在座谈会正式开始前完成。
（2）现场记录原则。所有的记录必须按照提问及回答的原话逐字逐句记录，不可加入任何个人翻译或理解；不可以丢掉、省略掉被访者回答中的语气词，如"吗""啊"等；不可以忽略、省略掉被访者的身体语言，如被访者点头表示同意、摇头表示不同意等。当主持人向被访者出示卡片、实物或在黑板上写出的问题选项，应及时记录，并详细记录出示的方式，如主持人让被访者传看卡片等。
（3）记录格式：
—M：

1.

2.

3.

……

—M:

1.

2.

3.

……

说明：M 代表主持人的发问；数字代表相应座次到会者发表意见。

（4）记录整理：座谈会结束后，有关会议不清楚、不明白的地方应立即与主持人沟通加以明确；记录员应对照现场录音整理记录，督导应注意记录的长度及内容的连贯性，如过短或内容不连贯，应要求记录员重新整理；应在最短的时间内整理记录，并交回给公司。

全部用 A4 纸整理记录。

（5）督导的要求：座谈会开始前应向主持人、记录员和客户提供座谈会参加人员背景资料；准备两套录音设备，以防万一；主持人应向记录员交待调查的目的、讨论提纲；如果座谈会中需向被访者出示实物等，最好事先向记录员交待一下出示顺序及内容；如在外地组织座谈会，应事先将座谈会的记录要求及封面传真给代理公司，并进行讲解培训，以便统一标准。

附录5

北京大学学生框架眼镜市场调查报告

一、课题背景及研究目的

根据营销研究课程教学的需要,我们决定对北京大学眼镜市场进行详细的市场调研,依此对目前北京大学学生的现有眼镜消费状况、未来的发展趋势、蕴涵的机会等进行分析。本次调研的目的主要包括:

(1)了解北京大学学生的视力状况。

(2)了解北京大学学生的眼镜使用状况。

(3)了解北京大学学生对眼镜消费的期望。

(4)了解北京大学学生选购眼镜时的消费习惯。

(5)了解其他有关北大学生眼镜使用消费的信息。

二、样本采集状况

本次调查样本采集时间自2004年4月15日起,至2004年4月30日止;样本采集地点包括北京大学本部校区和北京大学万柳学生公寓;采样对象范围为北京大学在读的本科生和研究生;调查的形式为问卷调查。

本次调查共计发放问卷100份,回收有效问卷60份,有效问卷比例为60%。调查对象中,男性39人,占65%;女性21人,占35%。下面我们分别从被调查者的年龄、院系、经济状况这三个方面来考察一下样本的分布状况。调查对象的年龄分布如附图5-1所示(排除缺失值后)。

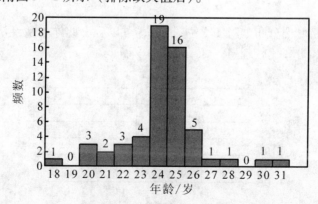

附图5-1 样本的年龄分布

观察附图5-1可以发现,样本以23~26岁学生为主,基本处于本科生高年级到硕士生这一群体中。

样本的院系分布如附图5－2所示。

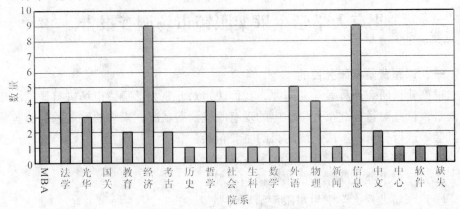

附图5－2　样本院系分布

鉴于附图5－2中院系比较多，不容易看清楚，按照文、理、经管三个大类划分整理后，得到附图5－3。

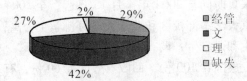

附图5－3　样本院系大类分布

从附图5－3很容易地发现：样本的分布文科学生较多，理科、经济管理类差别不大。

样本的经济状况分布如附图5－4所示，可以看出此样本从经济状况角度观察接近于正态，分布比较理想。

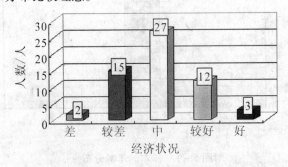

附图5－4　样本经济状况分布

三、学生视力状况分析

1. 学生近视程度分析

观察学生近视度数分布（见附图5-5）可以知道，学生近视度数基本属于中低度（600度及以下），高度（800度及以上）样本为0个。

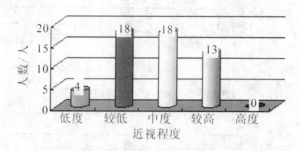

附图5-5 学生近视程度分布状况

由佩戴眼镜时间分布（见附图5-6）我们可以看出，大部分同学具有四年以上的佩戴眼镜的经历，我们可以推断这个群体对于眼镜的消费以及使用有一定的了解。

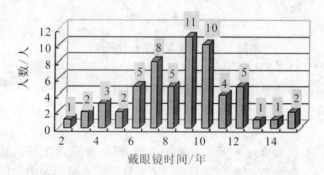

附图5-6 学生戴眼镜时间分布

2. 学生日常用眼状况

我们分别从"每日看书时间"和"每日看电脑时间"两个方面来分析学生日常用眼的状况。

由附图5-7、附图5-8可以看出，大部分学生认为自己看书的时间较短，而坐在电脑前的时间较长。随着个人电脑的普及以及网络的发展，越来越多的学生把自己的时间花费在电脑前、网络中，随之而来的是如何保护眼睛的问题值得我们注意。

无论是看书还是看电脑，总体来看学生的用眼时间是比较长的，其具体情况我们可以从"眼睛疲劳程度"和"视力下降的原因"两项调查中看出。在"眼

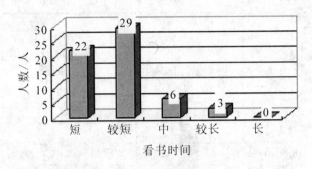

附图 5 - 7　学生看书的时间分布

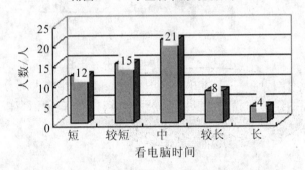

附图 5 - 8　学生看电脑的时间分布

睛疲劳程度"中，83%的学生认为自己的眼睛比较疲劳或者非常疲劳。而视力下降的原因，也多数归咎于连续看书或看屏幕时间过长。

四、学生眼镜消费状况分析

1. 镜架情况

镜架价格的均值为 238.4 元，标准差 166.49（排除两个缺失值）。从附图 5 - 9 中我们看出，镜架价格为右偏分布，大部分学生的镜架为中低档次。

从外形上来看，绝大多数学生使用的是椭圆形镜架。见附图 5 - 10。

2. 镜片基本情况

镜片价格均值 203.1 元，标准差 156.77，其分布情况与镜架基本相似，也是右偏分布。具体情况如附图 5 - 11 所示。

而镜片材料则多数为树脂，只有 15% 的学生是玻璃镜片。详见附图 5 - 12。

3. 镜片附加功能情况分析

镜片的附加功能是消费者购买眼镜时考虑的一个重要因素，同时功能的多少直接体现在镜片的价格上，所以我们下面来考察一下这个因素的基本情况。因为目前主要是树脂材料的镜片具有附加功能，所以我们只分析树脂镜片的情况。见附图 5 - 13。

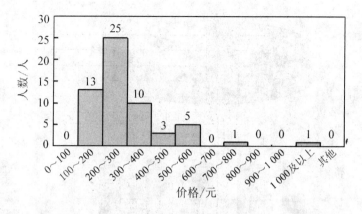

附图 5 – 9   镜架价格分布

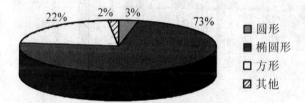

附图 5 – 10   镜架外形分布

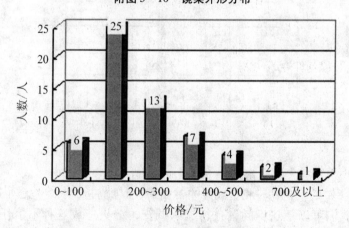

附图 5 – 11   镜片价格分布

　　同时我们还分析了学生对于自己镜片的附加功能的信任度，也就是说我们来考察一下学生对于自己镜片附加功能是否具有信心。

　　我们可以看出，大多数树脂镜片都有加膜，大约35%的树脂镜片具有"加硬"、"防辐射"、"防紫外线"等功能之一。在学生对其镜片的附加功能的态度

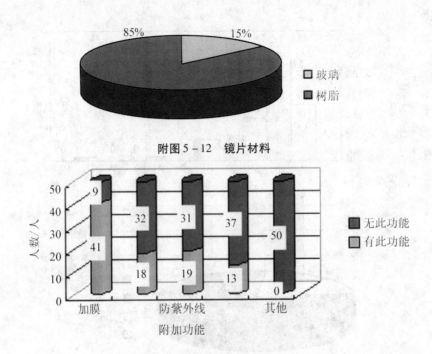

附图 5 – 12　镜片材料

附图 5 – 13　树脂镜片附加功能情况

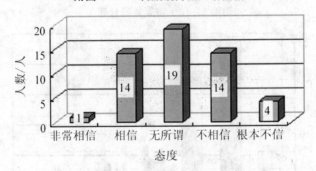

附图 5 – 14　附加功能信任度

上，只有 28.8% 的人是比较相信或者非常相信，其他的人要么"无所谓"，要么就不相信。我们可以就这个问题进行深入调查，分析造成这种不信任状况的原因，以及哪些措施能够使得消费者对其购买的镜片附加功能有信心。

4. 售后服务状况

我们分别从"有无服务"、"服务的种类"以及"售后服务的满意度"三个方面来考察售后服务的状况。我们发现，超过一半的眼镜没有售后服务；在有售后服务的眼镜中，大多数是修理、清洗等服务，而像"健康咨询"、"复查"等服务则相对很少。

从售后服务的满意度来看，"比较满意"的消费者只占到了大约40%，其他的则多是"无所谓"的态度。

五、学生眼镜消费期望调查

1. 期望的眼镜价格

镜架期望价格均值310.5元，标准差348.02，排除1 000元及以上的极端值后均值246.8元，标准差138.34。分布如附图5-15，可以看出期望价格主要集中在100~400元之间。

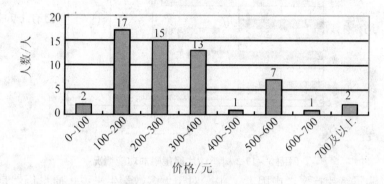

附图 5-15　镜架期望价格分布

镜片消费期望支出去除极端值与缺失值后，均值为274.5元，标准差25.88。从附图5-16中可以看出，其主要集中在200~300元之间。

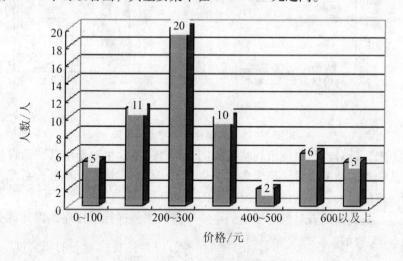

附图 5-16　镜片期望价格分布

2. 镜片购买考虑因素分析

首先我们来看一下学生对树脂片附加功能的期望。超过70%的人期望其树脂镜镜片具有"防辐射"的功能，63%的人期望具有"防紫外线"的功能，而相对来说"加硬"的需求则不是很大（约41%）。见附图5−17。

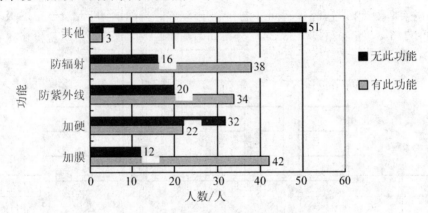

附图5−17　树脂镜片期望附加功能情况

在"购买镜片首要考虑因素"中，对于大多数学生来说，质量仍然是最重要的。只有少数的学生会首先考虑价格、附加功能或者材料。见附图5−18。

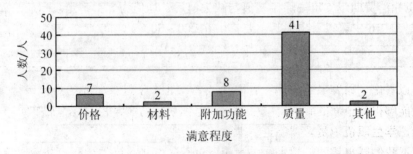

附图5−18　购镜片首要考虑的因素

接下来，针对当前眼镜市场状况我们来调查一下学生对于出具"质保单"的态度。从调查的结果来看，绝大多数学生是希望得到质量保证单的，甚至愿意为此承担一定的溢价，其具体的情况如附图5−19所示。

最后，我们请调查对象对于他们希望享有的服务进行了排序，得到调查结果如附表5−1所示。

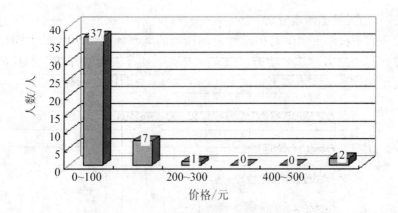

附图 5 – 19　镜片质保单期望价格分布

附表 5 – 1

排序	医生	配镜建议	健康咨询	修理	清洗	复查	其他
1	36	8	7	0	1	0	1
2	6	25	13	5	3	1	0
3	4	10	19	10	3	7	0
4	3	6	9	20	10	5	0
5	4	0	1	13	24	11	0
6	0	4	4	4	12	29	0
7	0	0	0	1	0	0	52

可以看出，顾客最希望能够有医生或者专业人士进行验光和提供配镜建议，其次是能够得到全面的眼睛健康咨询。其他因素相对而言并不是非常重要。

六、学生眼镜消费习惯调查

以下我们感兴趣的是学生在眼镜消费过程中有哪些行为特征，并希望结合上面调查研究的结果，进一步指导我们的市场销售行为。

在前面我们曾经分析了学生购买镜片的首要考虑因素，这里我们调查了学生购买眼镜时会综合考虑到的一些因素，例如距离、价格、品种、验光与服务等。从附图 5 –20 中我们可以看出，学生考虑的比较多的是"验光与服务"。

而对于眼镜店的选择来说，多数学生选择的是专卖店，其次则是眼科医院附属店。没有学生选择商场柜台，这个现象值得我们注意。

从促销效果的角度来看，超过一半的学生认为"降价优惠"对自己很有吸引力，其次则是专家推荐，广告在学生眼镜市场的作用则没有那么大。具体情况如附图 5 –21 所示。

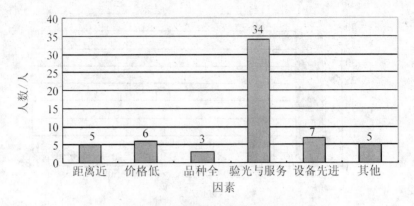

附图 5 - 20　选购眼镜首要考虑的因素

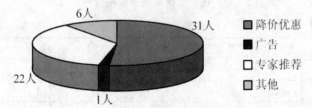

附图 5 - 21　促销效果比较

七、对比分析

1. 学生现有镜架价格与期望镜架价格有无明显差异

使用 SAS 对均值相同这一假设进行配对检验，p 值为 0.162 9，不能拒绝原假设。学生现有镜架价格与期望镜架价格并无明显差异。

2. 学生现有镜片价格与期望镜片价格有无明显差异

使用 SAS 对均值相同这一假设进行配对检验，p 值为 0.010 0，在 alpha = 0.05 水平下拒绝原假设。学生期望镜片价格高于现有镜片价格。

3. 镜架外形有无变更

见附表 5 - 2。

附表 5 - 2

		期望镜架外形			
		圆形	椭圆形	方形	其他
现有镜架外形	圆形	0	1	1	0
	椭圆形	0	42	1	1
	方形	1	1	10	1
	其他	0	1	0	0

附表 5-2 是学生对于是否变换镜架外形的分析，结合前面的分析我们可以看出，绝大多数学生选择了椭圆形或者方形的镜架，且绝大多数仍将继续选择原有外形的镜架。这说明学生对于选什么样外形的镜架已经有了选择的结果，短期内不会有很大变化。

4. 镜架材料有无变更

见附表 5-3。

附表 5-3

		期望镜架材料		
		金属	塑料	其他
现有镜架材料	金属	36	5	8
	塑料	0	5	1
	其他	1	1	3

由附表 5-3 可以看出，大多数学生都使用金属材料的镜架，期望也没有变化。少部分金属镜架使用者期望更换为塑料镜架，而塑料镜架使用者则全部期望继续使用原来的材料。

八、结论

通过本次调查，我们对于北京大学学生框架眼镜市场有了基本了解，达到了预先设定的目标，掌握了北京大学学生的眼镜消费状况、眼镜使用状况、眼镜产品未来的需求变化以及存在的问题。归纳起来我们认为值得注意的有以下几点：

（1）多数学生把以前读书的时间转移到了看电脑上，眼睛疲劳成为普遍现象。

（2）多数学生的镜片为树脂材料，但学生对厂家所宣称的一些附加功能将信将疑。

（3）学生眼镜市场的售后服务有待提高，尤其是健康咨询、复查等服务有待提高。

（4）降价优惠仍然是对学生这个消费群体促销的最有力手段。

参考文献

1. （美）纳雷希·K. 马尔霍特拉. 市场营销研究：应用导向：5 版. 涂平，译. 北京：电子工业出版社，2009.

2. 闫秀荣. 市场调查与预测. 上海：上海财经大学出版社，2009.

3. 杨凤荣. 市场调查方法与实务. 北京：科学出版社，2009.

4. 袁岳. 零点调查：民意测验的方法与经验. 福州：福建人民出版社，2005.

5. 范冰，范伟达. 市场调查教程：2 版. 上海：复旦大学出版社，2008.

6. （美）马尔霍特拉. 市场营销研究：应用导向：5 版. 涂平，译. 北京：电子工业出版社，2009.

7. 兰苓. 市场营销学：2 版. 北京：中央广播电视大学出版社，2006.

8. 王峰，吕彦儒，葛红岩. 市场调研：2 版. 上海：上海财经大学出版社，2008.

9. 郑聪玲，徐盈群. 市场调查分析与实训. 大连：东北财经大学出版社，2008.

10. 卢纹岱. SPSS for Windows 统计分析：2 版. 北京：电子工业出版社，2002.

11. 马国庆. 管理统计 数据获取、统计原理 SPSS 工具与应用研究. 北京：科学出版社，2002.